STUDY ON AGRICULTURAL
GREEN PRODUCTION IN CHINA

我国农业绿色生产研究

杨玉苹◎著

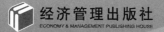

经济管理出版社
ECONOMY & MANAGEMENT PUBLISHING HOUSE

图书在版编目（CIP）数据

我国农业绿色生产研究/杨玉苹著.—北京：经济管理出版社,2023.7
ISBN 978-7-5096-9120-5

Ⅰ.①我… Ⅱ.①杨… Ⅲ.①绿色农业—农业发展—研究—中国 Ⅳ.①F323

中国国家版本馆 CIP 数据核字（2023）第 123380 号

组稿编辑：申桂萍
责任编辑：韩　峰
责任印制：许　艳
责任校对：张晓燕

出版发行：经济管理出版社
　　　　　（北京市海淀区北蜂窝 8 号中雅大厦 A 座 11 层　100038）
网　　址：www.E-mp.com.cn
电　　话：（010）51915602
印　　刷：唐山玺诚印务有限公司
经　　销：新华书店
开　　本：720mm×1000mm/16
印　　张：11
字　　数：177 千字
版　　次：2023 年 7 月第 1 版　　2023 年 7 月第 1 次印刷
书　　号：ISBN 978-7-5096-9120-5
定　　价：68.00 元

前　言

过分依赖化肥农药，高投入、高耗能的常规农业生产方式导致农业生产环境污染严重，农产品质量安全受到威胁。与此同时，随着人们生活质量的提高，城乡居民消费结构不断升级，消费者对优质安全农产品的需求与日俱增。因此，变革农业发展理念，转变农业生产方式，进行农业生产绿色转型，是解决目前我国农业污染问题、提升农业质量效益和竞争力的重要途径。农户作为农业生产的直接参与者，其生产理念和生产方式的转变是我国农业实现绿色发展的基础。本书以山东设施蔬菜种植户调研数据作为支撑，对农户绿色生产行为进行了研究，致力于进一步推动农户生产理念和生产方式的转变。首先，以农户行为理论和外部性理论为依据，构建了基于政策激励和经济收益的农户生产绿色转型研究框架，运用 Logit-ISM 方法研究了农户农业生产绿色转型的影响机制；其次，基于研究框架和影响机制，运用 Logistic 回归分析法、DEA-PSM 等方法进一步研究了农户绿色农业投入品施用行为以及农户绿色农业技术的采用行为及效应。本书的主要研究结论如下：

第一，政府政策和农户经济收益从不同层面显著影响农户生产绿色转型。包括政府监管和政府补贴在内的政府政策都对农户生产绿色转型起到显著的靶向指导作用。经济收益中的农业年收入对提升农户生产绿色转型的积极性起到显著的促进作用，而绿色农业技术成本以及农业废弃物处理成本对农户生产绿色转型具有显著的阻碍作用。政府政策是影响农户生产绿色转型的深层根源因素，经济收益是影响农户生产绿色转型的表层直接因素。

第二，以生物菌肥和生物农药为代表的绿色投入品的农户施用意愿和有效施用行为存在背离，且施用行为受到农户个人因素和现实情境因素的影响。施肥指导、收益追求、前景认知对农户生物菌肥有效施用行为起到显著的促进作用，而未能实现"优质优价"的销售环境对其起到显著的阻碍作用；政府农药残留检测、农户行为能力对农户生物农药施用行为起到显著的促进作用，而质疑心理、未能实现"优质优价"的销售环境对其起到显著的阻碍作用。

第三，对农户采用病虫害防控技术和测土配方施肥技术行为的研究表明：政府宣传和政府补贴对促进农户采用病虫害防控技术具有积极影响；政府补贴和技术培训对农户采用测土配方施肥技术具有积极影响。总体而言，政策激励对绿色农业技术推广具有不可忽视的重要作用。

第四，绿色农业技术的环境正效应显著，但其经济效应不显著。本书通过对以化肥为代表的传统肥料和以生物菌肥为代表的新型绿色肥料的农户施肥效应进行对比分析，并对以病虫害防控技术和测土配方施肥技术为代表的绿色农业技术的农户采用效应进行分析，发现使绿色农业技术真正实现降本增效，让农业绿色生产的外部性得到补偿，是推动农户绿色生产的关键。

根据以上研究结果，本书提出以下政策建议：第一，政策约束与政策激励相结合，完善绿色转型政策体系。第二，加大绿色投入品研发投入，重视绿色投入品质量提升。第三，加强绿色农业技术的政府推广力度，完善农业技术推广体系。第四，倡导绿色生产理念，提供绿色生产示范模式。第五，构建"优质优价"的市场环境，推动农业绿色化、优质化、品牌化发展。

目　录

第1章 引 言

1.1 研究背景

世界农业生产经历了原始农业、传统农业、近代农业和现代农业四个阶段。在原始农业阶段,人类通过"刀耕火种"的生产方式获取粮食,这种生产方式对环境的破坏力度大,同时生产效率低下,无法满足人类生存需要,人类开始探寻主动生产粮食之路。进入传统农业阶段,农业生产主要依靠人力、畜力和自然资源,农业生产规模较小。我国的传统农业生产讲究"天人合一",认为农业活动要遵循自然规律,注重精耕细作和物质循环利用,为世界农业绿色发展提供了丰富的经验。以"高投入、高产出"为特征的近代农业,由于大量利用以石油产品为动力的农用机械和以石油制品为原料的化肥、农药等农用化学品,生产效率和农产品产量大大提高,对传统农业造成了极大冲击。近代农业生产方式由于过度追求农业生产效益,带来了农业生产环境污染、农产品质量安全危机等严峻问题。20世纪60年代以来,人类环境意识觉醒,对农业生产的目的有了进一步理解,认为农业生产除了提供粮食和纤维,追求经济效益外,还应具有环境效益、社会效益、文化效益等。

中华人民共和国在成立之初,为解决口粮短缺的重大问题,缓解粮食危机,实行"以粮为纲"的政策,该政策深入人心,在农业生产方面积极推动农用机械和化肥、农药等化学农业投入品使用。根据国家统计局公布的数据，2017 年我国化肥施用强度为 352.27 千克/公顷，2015 年我国农药施用强度为 10.69 千克/公顷，远高于国际公认的化肥施用安全上限 225 千克/公顷和农药施用安全上限 7.5 千克/公顷（Abate 等，2016）。追求效益和产量的农业生产方式，在满足人们物质需要的同时，带来了不可忽视的环境问题。已有研究表明，农作物有效吸收的化肥占我国种植业总化肥施用量的比例仅为 35% 左右，其余未被吸收的化肥成为我国农业面源污染的重要来源。此外，农业生产中农药有效吸收率也只有 15%~30%，未被有效吸收的农药对土壤、水体和空气造成了立体式污染（金书秦和沈贵银，2013）。高投入、高耗能的不合理农业生产方式造成了一系列农业生产环境污染问题和农产品质量安全问题，具体表现为：第一，农业生产中化学肥料和化学农药的长期过量和不合理施用，必然造成土壤微生物群落破坏、耕作层板结、肥力下降，引发了严重的土壤污染问题。另外，过量的养分和农药无法被农作物吸收，不仅污染土壤，而且通过地表径流和地下渗透不断进入水体污染水质，导致农业面源污染日益严重，严重破坏农业生产环境。农药主要分为除草剂、杀虫剂、杀菌剂等，其中除草剂占农药产量的比重约为 1/3。据统计，农田中施用的农药量发挥作用的仅 30%，其余 70% 左右扩散到土壤和大气中，其中 80%~90% 最终将进入土壤环境导致土壤被农药残留污染（赵玲等，2017）。第二，化肥农药的不合理施用，严重影响农产品品质，威胁农产品质量安全。化肥用量不合理，会影响农作物品质和农产品质量安全。农作物所必需的矿物质营养根据需求量分为大量营养元素和微量营养元素，化肥中的氮、磷、钾属于植物生长必需的大量营养元素，在农业生产中往往被过量施用。氮肥不足会影响农作物产量和品质，但过量的氮肥也会影响农作物品质。以瓜果类农作物为例，施氮过多会造成瓜果类作物果皮变厚，果肉不甜。过量施用化肥还容易增加蔬菜病害，如氮肥过量会使大白菜发生软腐病，不耐储藏，口味变差。磷肥施用过量会造成土壤中磷元素积累过多，抑制蔬菜对其他营养元素的吸收，扰乱蔬菜植株体内正常的生理代谢，影响蔬菜品质（赵晓新，2008）。农药主要从两个方面影响农产品质量安全：一是农产品农药残留，蔬菜、水果是我国居民食用频率最高、食用数量最大的农产品（李太平和祝文峰，2017），受农药残留威胁较为严重，农药残留不仅严重影响农产品质量安全，还成为发达国家设置绿色贸易壁垒的关键因素，影响我国农产品出口；二是通过土壤污染长期影响农产品质量安全，土壤被农药长期污染后容易酸化影响农作物生长，残留在土壤中的除草剂会对农作物生长产生不利影响，杀菌剂会影响土壤中微生物群落的多样性。

农户、市场、政府等与农业生产有关的主体对农业生产污染起到了助推作用。农户作为我国农业生产的基本主体，从事农业生产时不可避免地将追求产量和效益作为第一目标。为追逐效益，往往忽略了对农业生产环境和农产品质量的关注，常常施用过多的化学肥料和化学农药，以规避农业生产风险。市场环境在一定程度上推动了农户的有限理性行为，我国农业生产受土地资源禀赋限制，耕地规模小，碎片化严重，农业生产对劳动力要素的依赖严重。然而，在快速城镇化进程中，更多的就业机会促进了农民非农收入的大幅提升，农业劳动力短缺更为严重，化学投入品节省劳动力、见效快的便利性优势，将我国传统农业尊重自然、精耕细作、注重循环的理念瓦解，农户农业生产对大量使用化学投入品生产方式形成依赖。政策环境也在一定程度上加剧了农业生产环境污染，我国农业政策通过生产环节的电价补贴、消费环节的农资补贴等方式对化肥的生产和消费进行政策干预，进一步加剧了化肥的过量投入。

国际社会进行农业生产绿色转型起步较早，经验较为丰富，主要从法律制度方面和生态补偿方面对农户农业生产行为进行约束和引导，推动农业生态转型。第一，完善法律制度，推动农业生产绿色转型。20 世纪 80 年代，欧洲地表水和地下水污染中 70%～80% 的氮、30% 的磷都来自农业（乐波，2006）。为了彻底改变农业污染的现状，欧盟 1992 年开始实施多功能农业政策，通过了共同农业政策，指出农业除了提供食物和纤维外，还具有社会功能（如农村就业、乡村文化的可持续发展）、环境功能（如清洁生产、土壤改良、生物能源）、其他多功能（如粮食安全、风景价值、生物多样性）等。新的政策要求农业生产减少使用化肥农药，并对减产的农民进行补贴。美国 1999 年开始实践以注重农村环境保护和农业可持续发展的最佳管理措施（BMP），并制定了引导性和预防性政策。作为东亚国家，日本也曾经面临由大量使用农药化肥的不合理生产方式引发的环境污染、农产品质量安全等问题。从 20 世纪 70 年代开始，日本实施了一系列保护农业环境的措施。日本 1994 年制定了《环境保全性农业推进基本方案》，在全国范围内实施"环境保全型农业"，要求农业生产要充分进行物质循环，资源最大化利用，合理使用农药和化肥，发展符合环境承载能力的可持续农业（胡启兵，2007）。从此，日本的农业生产理念发生转变，重视农业物质的循环利用。韩国1998年制定了《环境农业育成促进法》，发展"环境友好型农业"，农业生产从注重规模效率向注重环境友好转变。此后，环境友好型农业成为韩国农业生产新的发展动力，韩国的农业生产环境和农村环境以及农产品质量安全得到很大提升。韩国的农业政策实施以后，环境友好型农业成了前期注重规模效率的农业的新成长动力，农村的自然环境、生活环境得到改善，农产品的质量安全也得到了提高。第二，建立生态补偿制度，引导农业经营者行为转变。欧洲在第二次世界大战后为解决粮食供应问题，实行共同农业政策，对农民按照农产品产量进行补贴，这缓解了战后欧洲的粮食危机。然而，共同农业政策出台后，农民大量施用化肥、除草剂、杀虫剂以增加产量，造成了严重的土壤污染、生物多样性被破坏等农业环境问题。为了转变这一生产局面，2003年欧盟进行了农业政策改革，对农业支持重心进行调整，取消农业有关补贴与农产品产量挂钩政策，转变为农业有关补贴与农业生产环境和农产品质量安全挂钩（陈彬，2008）。农民的农业生产活动只有符合维持生物多样性、维护良好田园风光的标准才能获得补贴，这一政策转变解决了欧洲的农业生产问题。美国主要通过土地休耕项目改善农业生产环境，对土地实施休耕政策可以提升耕地质量，减少水土流失，改善农产品品质。此外，美国对农民提供技术性援助，帮助农民改善农业生产环境（王世群等，2010）。产品认证制度和环境友好型农业是韩国农业生产绿色转型的两大政策支柱。韩国将农产品分为四类，分别是低农药农产品、无农药农产品、过渡期有机农产品、有机农产品，对农产品实行产品认证和直接支付制度。农产品只有通过了韩国政府的环境友好型认证，才能享受政府财政的直接支付。日本推行环境保全型农业，只有农业生产与农业环境保护关系密切，才能得到政府财政补贴，如对可持续生产的农业行为给予税收和金融方面的优惠（金京淑，2010）。

我国政府高度重视农业绿色生产，把农业生产绿色转型看作破解资源约束和环境污染并实现农业可持续发展的重要抓手，指出革新生产理念、转变生产方式、进行农业生产绿色转型、提高农业质量效益和竞争力是破解当前我国农业生态环境问题、农产品质量安全危机等重大问题的关键。2015年，《国务院办公厅关于加快转变农业发展方式的意见》提出，在农业生产面临农产品生产成本提高、资源环境约束加剧等新挑战的背景下，迫切需要加快转变农业发展方式，实施化肥和农药零增长行动，支持使用加厚或可降解农膜，加快农药包装废弃物的收集处理等。2017 年在中国共产党第十九次全国代表大会上的报告把生态文明建设提升为千年大计，将优质农产品和优质环境纳入民生，提出建立农业绿色生产的法律制度和政策导向，建立健全绿色低碳循环发展的经济体系，构建市场导向的绿色技术创新体系等。2019 年印发的《国家质量兴农战略规划（2018—2022 年）》提出，实施质量兴农战略，农业生产要从增产导向转向提质导向，不仅要满足量的需求，也要注重农产品的优质安全，注重提供洁净良好的生态环境，通过推进农业投入品科学实用、全面加强农产品产地环境保护与治理，全面推动农业生产绿色转型，提高我国农业质量效益和竞争力。2019 年中央一号文件提出，要加强农村污染治理和生态环境保护，推动农业农村绿色发展，加大农业面源污染治理力度，开展农业节肥节药行动，实现化肥农药使用量负增长，下大力气治理白色污染。在一系列政策激励和政策约束的引导下，全国农药施用量 2016 年实现负增长，全国化肥施用量 2017 年实现负增长，提前三年实现了"十三五"时期化肥农药零增长的目标。

在开放的市场条件下，通过构建透明的市场销售环境，推动农产品品牌化建设，实现"优质优价"，对于农户农业绿色生产行为无疑能起到极大的促进作用。然而，任何市场的参与者都不可能实现市场信息的完全掌握，完全依靠市场机制解决农产品价格、农产品品质等信息不透明问题的交易成本极高，效率低下。政府作为理性主体，对市场进行一定程度的干预，提高资源配置效率，是非常有必要的。政府积极制定农业绿色发展政策，其意义不仅限于帮助解决粗放式农业生产带来的一系列问题，而且是对农业生产理念变革和农业生产方式转变的引导。政府政策可以从宏观层面和微观层面引导农业生产绿色转型。例如：提供新的农业生产评价体系，将农业补贴与农户环境友好型生产方式关联；加强绿色农业投入品研发力度，提升绿色农业投入品效果；促进绿色农业技术推广体系建设，提高绿色农业技术水平，提升农业生产效率；探索可复制可推广的农业绿色生产模式，降低农业生产绿色转型难度等。通过政府政策引导和市场效益激励推动农户生产绿色转型，使农业发展由增产导向转向提质导向，是提高我国农业质量效益和竞争力的关键。

1.2 研究目标与研究意义

1.2.1 研究目标

本书以设施蔬菜种植户绿色生产行为作为研究对象,主要研究目标包括:揭示农户生产绿色转型的经济和政策机理,提出基于经济收益和政策激励的农业生产绿色转型研究框架,并对设施蔬菜种植户农业生产绿色转型的影响机制进行研究;以此为基础,结合调研数据分析农户绿色投入品施用行为、绿色农业技术的采用及效应。本书的具体研究目标如下:

目标一:设施蔬菜种植户农业生产已经开始尝试向资源节约、环境友好的绿色农业生产方式转变,同时注重农业的经济效益和环境效益。在此背景下,本书将环境约束纳入农户生产绿色转型模型,考察农户生产绿色转型的经济条件,同时对信息不对称条件下的农户和消费者行为博弈过程进行分析,探讨外部性视角下农户生产绿色转型的政策激励机理,形成基于经济收益和政策激励的农户生产绿色转型研究框架,为后续研究提供理论依据。

目标二:基于农户生产绿色转型的经济条件和政策激励机理,从政府政策引导和农户经济收益的角度探索农户农业生产绿色转型的影响机制,选取政府监管、政策补贴、收入提高预期、农业年收入、绿色农业投入品成本、绿色农业技术成本、农业废弃物处理成本等变量对农户生产绿色转型的关键影响因素进行深入分析,并对政府政策因素和经济收益因素之间的关联结构和层次关系进行探讨。

目标三:根据研究框架和影响机制,结合调研数据,从政策激励和经济收益角度对设施蔬菜种植户绿色投入品施用行为进行研究。以生物菌肥和生物农药为例,从农户个人因素和外部情境因素两个方面对农户绿色农业投入品施用行为进行分析,探讨设施蔬菜销售环境、农户收益追求、前景认知、施肥指导等因素对生物菌肥施用行为的影响,以及政府农药残留检测、设施蔬菜销售环境、农户行为能力、农户质疑心理对农户生物农药施用行为的影响。

目标四：根据研究框架和影响机制，结合调研数据，通过对以病虫害防控技术和测土配方施肥技术为代表的绿色农业技术的农户采用行为及经济效应进行分析，探讨政府宣传、政府补贴、政府主导的测土配方施肥技术培训等因素对绿色农业技术采用的影响以及绿色农业技术能否显著提升农业生产效率；通过对比分析以化肥为代表的传统肥料和以生物菌肥为代表的新型绿色肥料的农户施肥效应，探讨绿色农业技术的环境效应，并补充研究田间指导和课堂培训两种绿色技术推广方式的农户参与行为。

1.2.2 研究意义

2018 年中央一号文件提出，要实施质量兴农、绿色兴农战略，深入推进农业绿色化、优质化、特色化、品牌化，推动农业由增产导向转向提质导向。2019年中央一号文件明确指出，要加大农业面源污染治理力度，开展农业节肥节药行动，实现化肥农药施用量负增长，推进秸秆、农膜等农业废弃物资源化利用。在此政策下，研究设施蔬菜种植户的绿色生产行为，对推动农户生产方式转变，实现农业绿色发展具有重要的理论意义与实践意义。

第一，理论意义。本书以农户行为理论和外部性理论作为理论基础，在分析农户生产绿色转型的经济条件与政策激励的基础上，形成了基于经济收益和政策激励的农户生产绿色转型研究框架，从政府政策（政策激励和政策约束）、经济收益（构建透明的能够实现"优质优价"的销售环境）两个方面分析了农户进一步扩大绿色生产过程中的促进因素和阻碍因素，为从农户角度出发研究农业生产绿色转型提供了较好的研究思路。

第二，实践意义。一是从政府政策、农户经济收益的角度探讨了农户生产绿色转型的影响机制，为更有效地促进农户生产绿色转型、破解农业发展瓶颈问题提供了解决办法。二是通过对农户绿色农业投入品施用和绿色农业技术采用的研究，从绿色农业投入品效果提升、绿色农业技术降本增效的角度为促进农业生产绿色转型提出了具体建议。

1.3 研究内容与研究方法

1.3.1 研究内容

本书的核心是设施蔬菜种植户的绿色生产行为研究，本书在构建基于经济收益和政策激励的农户生产绿色转型研究框架的基础上，首先从政府政策和农户经济收益的角度对设施蔬菜种植户农业生产绿色转型的影响机制进行了探讨；其次选取了设施蔬菜生产的两个重要方面——农业投入品和农业技术，分别对绿色农业投入品施用和绿色农业技术采用及效应做了相应研究，最后得出结论与政策启示。本书具体的研究内容与研究结构如下：

第1章 引言。本章内容主要包括选题背景、研究意义，研究目标与拟解决的问题，研究内容与研究方法，研究对象与相关概念的界定以及可能的创新点与不足。

第2章 文献综述。本章围绕农业生产绿色转型的概念界定从农业生产绿色转型决策、常规农业投入品减量施用、绿色农业投入品施用行为、绿色农业技术采用及效应等方面对相关文献进行了梳理，并做了进一步评述。

第3章 农户生产绿色转型理论分析。本章在分析农户生产绿色转型行为主体和行为过程的基础上，以农户行为理论和外部性理论为依据，考察了农户生产绿色转型的经济条件和政策激励机理。

第4章 设施蔬菜生产投入要素演变趋势和现实特征分析。本章对以化肥、农药、农膜为代表的常规农业投入要素施用量和施用强度的演变趋势进行了分析，对设施蔬菜生产中绿色农业投入品施用、绿色农业技术采用、农业废弃物处理现状进行了说明，并在此基础上对调研内容和样本基本情况进行了详细说明，剖析了设施蔬菜种植户农业生产绿色转型的困难。

第5章 农户农业生产绿色转型影响机制。本章以研究框架为基础，从政府政策和农户经济收益的角度，选取了政府监管、政府补贴、农业年收入、绿色农业投入品成本、绿色农业技术成本、农业废弃物处理成本等变量，研究了农户农业生产绿色转型的影响机制。

第 6 章　农户绿色投入品施用行为分析。本章以研究框架和影响机制为基础，结合调研数据，从农户个人因素和外部情境因素两个方面对以生物菌肥和生物农药为代表的绿色投入品施用行为进行了研究，探讨了政府政策、农户收益追求、农户个人行为能力、技术服务等因素对绿色农业投入品施用的影响，提出了促进绿色农业投入品有效施用的措施。

第 7 章　农户绿色农业技术采用及效应评价。本章以研究框架和影响机制为基础，结合调研数据，研究了农户绿色农业技术采用及其经济效应和环境效应，并依据外部性理论和农户理性经济人假设，对农户绿色农业技术采用的环境正效应显著却未能显著提升农业生产效率的现象进行了科学解释，为进一步促进绿色农业技术的推广提出了具体建议。

第 8 章　研究结论与政策启示。本章针对本书的研究内容，总结了政府政策和经济收益对农户生产绿色转型的影响，探讨了如何进一步促进农户绿色生产，并提出了相关政策启示。

1.3.2　研究方法

笔者根据研究内容，对设施蔬菜种植户的绿色生产行为进行了深度访谈和问卷调查，为本书提供了基础数据。笔者在对数据进行整理的基础上，运用描述性统计方法对受访农户的个人特征、家庭经营特征、绿色农业投入品和绿色农业技术的认知及应用情况等进行了归纳分析，初步了解了设施蔬菜种植户农业绿色生产的现实情况。在此基础上，笔者根据农户行为理论和外部性理论构建了基于政策激励和农户经济收益的农户生产绿色转型研究框架，进一步通过计量模型实证研究方法，对农户农业生产绿色转型的影响机制、绿色投入品施用行为、绿色农业技术采用及效应进行了分析，具体采用的研究方法如下：

第一，文献归纳法。本书梳理了农户生产绿色转型决策方面的文献，并从化肥农药减量施用、绿色农业投入品施用、绿色农业技术采用及效应等方面对关于农户绿色生产行为的文献进行了归纳总结，评述了已有研究的进展与不足，为本书中的研究奠定了理论与文献基础。

第二，实证研究方法。本书运用 Logit-ISM 从政府政策和农户经济收益的角度对农户农业生产绿色转型机制进行了深入剖析，并对农业年收入、绿色农业投入品成本、绿色农业技术成本、农业废弃物处理成本、政府监管、政府补贴等变量的内在关系和层次结构进行了分析。首先，运用 Logistic 回归分析法研究了农户绿色投入品施用行为和农户绿色技术采用行为，对进一步推广绿色投入品和绿色农业技术的影响因素进行了解释；其次，运用 DEA-PSM 分析了绿色农业技术采用及效应，提出绿色农业技术在改善农业生产环境的同时应该真正实现降本增效，做到环境效应和经济效应并重，只有这样才能促使农户积极采用绿色农业技术。

1.3.3 技术路线

本书研究的技术路线如图 1-1 所示。

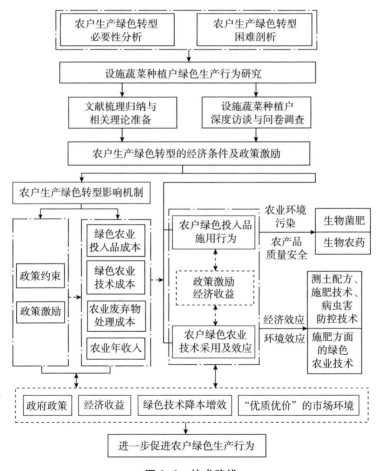

图1-1 技术路线

1.4 研究对象与相关概念界定

1.4.1 研究对象界定

本书的研究范围主要集中于设施蔬菜种植户的绿色生产行为，设施蔬菜种植户在政府引导下已经开始尝试农业绿色生产，笔者的研究致力于促进设施蔬菜种植户生产理念和生产方式的进一步转变。首先，对设施蔬菜种植户农业生产绿色转型的影响机制进行了分析；其次，在此基础上具体研究了设施蔬菜种植户的绿色农业投入品施用行为和绿色农业技术采用行为及效应，为进一步促进农户生产理念和生产方式转变提出了建议。

本书选择设施蔬菜种植户的绿色生产行为作为研究对象，主要是因为设施蔬菜生产高投入、高耗能的特征较为明显，对农业生产环境和农产品质量安全造成了威胁，与我国农业绿色发展相悖，亟须绿色转型。对设施蔬菜生产如何进一步绿色转型、如何更有效地推广绿色农业投入品和绿色农业技术进行具体研究，在改善农业生产环境、满足消费者对优质安全农产品的需求、实现质量兴农、提高我国农业质量效益和竞争力等多个方面意义重大。

1.4.2 相关概念界定

1.4.2.1 农业生产绿色转型

不同国家和地区对农业生产绿色转型、转变农业发展方式的称谓不尽相同。欧盟的"多功能农业"，强调农业生产的多功能性，认为农业生产除具有经济功能外，还具有社会功能、文化功能、生态功能等。韩国的"亲环境农业"，提倡农业发展要与生态环境相协调，农业在满足人类需要的同时要减少环境污染，实现可持续发展。日本的"自然农业"与有机农业类似，提倡不翻耕土地，生产过程中不使用化肥、农药等化学投入品，利用自然的力量进行农业生产。我国以小农生产为主的传统农业，注重精耕细作，崇尚"天人合一，人与自然和谐相处"。现代生态农业借鉴了传统农业的有效经验，属于结合了农林牧副渔的大农业形式，重视现代生产技术和先进管理理念，注重农业经济效益、社会效益、生态效益的统一。

循环农业，以"减量化（Reduce）、再利用（Reuse）、再循环（Recycle）"为原则，强调农业系统的每一个物质单元在价值链上流动，多次经过生产过程，使资源得到最大化利用，产出物较多而废弃物较少。近代农业强调生产效益，高投入、高产出、高耗能的工业化农业生产方式消耗大量能源，威胁农业生态环境，低碳农业在此背景下产生，强调农业生产过程要减少碳排放，增加碳存储，重视资源节约、环境友好。农业清洁生产是针对农业生产源头大量施用农药、化肥、地膜等化学投入品提出的，提倡在整个农业生产过程中，减少农业污染，进行清洁生产。有机农业起源于欧洲，受到东方"天人合一"理念的影响，但对整个农业生产过程要求极高，要求在整个农业生产过程中，不使用化学合成的农药、化肥、添加剂、生长调节剂等化学制成品，重视农业生态系统物质和能量的内部循环。

本书研究的农业生产绿色转型，重视绿色发展理念的导向作用，要求偏化学投入的常规农业生产方式向与资源承载、环境容量和生态阈值相匹配的可持续发展方式转变，推动农业发展与资源相匹配、与环境相适应、与生态相协调，实现可持续发展。同时，农业生产绿色转型内容涵盖了绿色农业投入品和绿色农业技术的应用以及农业废弃物处理等方面。例如，设施蔬菜生产中，要求减少化学投入品的使用，进一步推动环境友好型肥料（有机肥、生物菌肥等）、环境友好型农药（低毒低残留农药、生物农药）的科学施用，进一步促进绿色农业技术（测土配方施肥技术和病虫害防控技术）的应用，农业废弃物（包括有机废弃物和投入品包装物）的处理等。

在设施蔬菜生产过程中，农业生产绿色转型要达到这样一个目标（见图1-2），消费者能够得到安全优质的蔬菜产品（Healthy for Customer，1H），蔬菜生产过程中化学投入品和蔬菜废弃物不能污染环境（Healthy for Environment，2H），蔬菜农户通过机械化和智能化技术降低劳动强度（Healthy for Labor，3H），蔬菜生产要能持续获得高效益（High Economic，4H），即"4H原则"（李衍素和于贤昌，2018）。

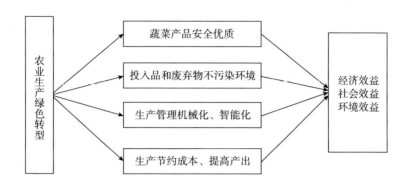

图1-2　设施蔬菜农业生产绿色转型目标

1.4.2.2　绿色农业投入品

农业投入品是指农户在进行农业生产时使用或添加的物质，农户在设施蔬菜种植过程中使用的农业投入品包括蔬菜种苗、农药、植物生长调节剂、肥料、植保机械、农膜等农用生产资料。农业投入品是农业生产的基础和保障，种苗、肥料、农药是设施蔬菜种植不可或缺的农业投入品。

绿色农业投入品包括所有有利于农业生产绿色转型的农业投入品，包括节肥节药蔬菜种苗、低毒低残留农药、生物农药、有机肥、缓控释肥、生物菌肥、高效智能植保机械、可回收农膜、可降解农膜等。绿色农业投入品是农业生产绿色转型的一个重要组成部分，对于改善生态环境、保障农产品质量安全具有重要意义。设施蔬菜生产使用化肥农药较多，造成了一系列生态环境和农产品质量安全问题。本书所研究的绿色农业投入品施用，主要围绕科学施肥用药展开。绿色农业投入品，如生物菌肥、生物农药，无疑对环境是具有正外部性的作用。然而，绿色农业投入品成本高、见效慢，同时需要农户在建立信任的基础上学习施用方法，掌握施用技能。设施蔬菜生产作为劳动密集型产业，绿色农业投入品只有质量过关，在改善土壤质量、减少病虫害方面效果良好，才能在农户中形成口碑，并得到有效推广。绿色农业投入品的推广是一个过程，需要政府引导与市场规范相结合，构建能够实现"优质优价"的市场环境，建立新的农业生产评价体系来共同促进。

1.4.2.3　绿色农业技术

从农业生产绿色转型的目的来看，一切有利于农业生态环境和农产品质量安全的农业技术都属于绿色农业技术。按照生产过程划分,产前绿色农业技术包括保护性耕作技术、土壤药剂处理技术等;产中绿色农业技术包括测土配方施肥技术、化肥替代技术、科学施药技术、病虫害防控技术、机械节药技术等;产后绿色农业技术包括秸秆还田技术、绿色加工技术、绿色运输技术、土壤修复技术等。

本书研究的设施蔬菜生产中的绿色农业生产技术主要围绕节肥节药技术展开,包括测土配方施肥技术、水肥一体化技术、病虫害防控技术等。绿色农业技术推广是一个自上而下的系统工程,需要融合绿色农业技术的研发投入、农业技术推广体系建设、绿色农业技术示范基地建设以及农户绿色生产理念等各方面力量(李莎莎等,2015)。绿色农业技术研发是促进绿色技术推广的根本,绿色农业技术研发能够促进绿色农业技术降本增效,提高农户采用积极性。农户是绿色农业技术的最终采用者,只有其严格按照绿色农业技术采用规范,才能真正实现农业生产绿色转型。政府宣传、技术培训、绿色农业技术能否实现降本增效都是影响绿色农业技术推广的重要因素。

1.5 可能的创新点

本书以设施蔬菜种植户的绿色生产行为作为研究对象,研究了农户生产绿色转型的影响机制,并在此基础上进一步研究了农户绿色投入品施用行为、农户绿色农业技术采用及效应。本书可能的创新点主要体现在以下两个方面:

第一,在对农业生产绿色转型的内涵进行界定的基础上,构建了基于政策激励和经济收益的农户生产绿色转型研究框架。本书以此为基础,从政府政策和农户经济收益两个方面,研究了农户生产绿色转型的影响机制,并分析了其影响层次,挖掘出深层根源因素。此外,有别于现有研究,本书将农户本期收入以及农户感知角度的绿色农业投入品成本、绿色农业技术成本、农业废弃物处理成本纳入经济收益变量,全面地探讨了经济收益变量对农户进一步扩大绿色生产的影响。

第二，细化了对绿色投入品农户施用行为和绿色农业技术培训形式的理解。关于绿色农业投入品施用行为：本书通过将农户施用行为分为"偶然施用行为"和"有效施用行为"，科学准确地界定了农户牛物菌肥和生物农药施用行为，细化了对农户行为的理解。关于绿色农业技术采用：农户行为受到多种绿色农业技术的影响，本书摒弃了从绿色农业技术的具体内容分类研究的思路，转而从技术培训形式的角度将关于施肥的绿色农业技术培训分为"田间指导"和"课堂培训"，分析了两种不同形式的绿色农业技术培训对优化农户施肥结构的影响，为差异化的绿色农业技术培训路径提供了选择依据。

第2章 文献综述

化肥、农药等化学投入品的大量使用和以石油产品为动力的农用机械的"石油农业"生产模式大大提高了农产品产量，缓解了全球粮食危机问题。然而，高投入、高产出的农业生产模式带来了农业生产环境污染、农产品质量安全危机等不容忽视的问题，变革农业生产理念、转变农业生产方式、推动农业生产绿色转型符合农业发展的内在需要。作为我国农业生产经营的基本主体，小农户农业生产决策不可避免地受到利益追求、政策约束等因素的影响，如何矫正小农户生产决策，促进小农户化肥农药减量施用，进一步推广绿色投入品和绿色农业技术，是农户生产绿色转型的重要内容。相关学者从农户视角做了丰富的研究，本章从农户生产绿色转型决策、常规农业投入品减量施用行为、绿色农业投入品施用行为、绿色农业技术采用及效应等方面对相关学者的研究进行了梳理，并进行了评述。

2.1 农户生产绿色转型决策

我国大部分农业生产属于典型的小农经济，小农的风险规避意识比一般的农业生产主体要强，为减少收入变异性，农户农业生产决策往往偏离最优。农业绿色生产方式有利于农业生产环境改善和农产品质量安全，但小农做出生产决策时首先会考虑成本收益，追求利润最大化，需要政府通过相应的政策激励和政策约束矫正农户行为，或者通过影响农户成本收益进一步矫正农户生产决策。

2.1.1　注重政府政策的引导作用

金书秦和沈贵银（2013）从制度经济学理论入手对我国农业面源污染的成因进行了分析，认为恰当的政府宏观发展战略将为我国农业绿色发展带来动力，同时指出农业政策的实施，其意义不仅限于政策目标，更重要的是其会成为公众期望的引导。陈卫平（2018）从制度经济学理论的视角，对农户农业生产绿色转型面临的制度性压力进行了归纳总结，认为只有从总体上创造契合农业绿色生产的制度环境，才能真正促进农户农业生产绿色转型。黄炎忠等（2018）则认为，政府管制会减弱农户的绿色生产意愿，在推进农业生产绿色转型的过程中，政策激励比政策管制发挥的作用更大，政府应重视政策激励，减少管制和惩罚，引导农户自愿进行农业绿色生产。陈卫平和王笑丛（2018）认为，近年来农业部门逐步实施的关于果菜茶园艺作物的有机肥替代化肥、农膜回收、秸秆处理等促进农业绿色发展的措施更应该是农业生产绿色转型、农户生产观念转变的起点。Wang 等（2018）指出，经济发展对生态农业的快速消费不可持续，必须优化不同地区的土地空间格局，实施差异化的土地政策和自然生态系统保护政策。Kallio Maarit Helena 等（2019）指出，政府要对农业发展进行批判性反思，主张政府政策应该更全面地考虑人类福祉和环境的可持续性。陈卫平和王笑丛（2018）研究发现农户的创新性、技术培训等因素会影响农业绿色生产合法性的建立，有助于农户对绿色生产技术、市场的了解以及对绿色生产理念的认同。

2.1.2　注重政策引导与经济收益相结合

牛建高等（2005）认为，在生态环境较差的贫困地区，强化农户经济行为目标能够为生态农业发展提供内在动力。黄炜虹等（2017）研究发现，农户从事生态循环农业的决定受到政策激励和市场约束的共同影响，收入预期和政策补贴对农户绿色生产起到交互促进作用。Dieleman（2017）指出，农业的发展需要平衡经济、生态、社会等方面的政策，同时要重视其在经济方面的重要性。黄祖辉等（2016）发现，政府禁止高毒农药、处罚违反农产品安全行为、实施农药残留检测等政府监管措施都能够显著规范农户施药行为，也肯定了以市场为基础的激励政策在规范农户农药使用行为方面能对政府监管起到有效的补充作用。杜运伟和景杰（2019）研究发现，政府政策导向和农户绿色生产认知能够显著促进农户绿色生产意愿，是影响农户绿色生产的深层根源因素，农户收益成本感知对农户绿色生产起到直接驱动作用。

2.2 常规农业投入品减量施用行为

化肥、农药作为常规农业投入品的主要组成部分，农户的化肥农药减量施用行为既是我国农业生产绿色转型的前提，也是推动农业绿色发展的目标。已有研究多从农户个人及家庭经营特征、环境关注程度、风险规避、土地资源禀赋等内部因素以及政府政策、技术培训、生产和销售环境等外部因素的角度对如何减少化肥农药用量、促进农户科学生产进行了研究。

2.2.1 内部因素

内部因素包括农户个人及家庭经营特征、环境关注程度、风险规避、土地资源禀赋等。

关于化肥减量施用：曹慧和赵凯（2018）研究发现，农户行为态度、主观规范、知觉行为控制和责任归属均能显著促进农户化肥减量施用。黎孔清和马豆豆（2018）通过对生态脆弱区农户施肥行为进行研究发现，耕地面积大、农户相关认知及亲身参与施肥培训能够促进化肥减量施用。田云等（2015）较全面地分析了农业低碳生产行为及其影响因素，发现种植规模小、生产经验丰富的男性农户过量施用化肥和农药的可能性更小，农业生产对环境造成的污染更小。巩前文等（2010）研究发现，受教育程度、从事农业生产年数、家庭非农就业人数对农户化肥减量施用具有显著影响。户主受教育程度越高，考虑问题越长远，越愿意改变常规生产方式，在未来生产中减量施肥，提高化肥资源利用率。户主从事农业生产年数对农户减量施肥意愿具有负向影响，可能是因为农户更加重视农业收入对家庭的作用，或者是因为施肥惯性。家庭非农就业人数越多，农业劳动力就越少，农户从事农业的劳动力数量就越少，增施化肥能有效缓解农业劳动力的不足所带来的影响，也满足增施化肥的经济条件，因此家庭非农就业人数对减施化肥具有消极影响。风险规避也是影响农户施肥行为的重要因素（马骥，2006；巩前文等，2008；仇焕广等，2014）。黄季焜等（2008）研究发现，农业生产容易受到不确定的天气影响，风险较高时，农户为避免风险往往过量施肥以避免减产造成损失。也有学者从土地资源禀赋的角度考察了农户化肥减量施用。巩前文等（2008）研究发现，耕地距离家远时，农户就不愿意减量施用化肥，以降低运输成本，另外，农户为追求收益，不愿意对租用土地减少施用化肥。栾江等（2013）认为，土地质量的下降、农户对产量和效益的追求、肥料价格的下降、有利的贸易政策都是化肥施用强度过高的诱因，然而肥料过量施用最主要的原因是中国 8 亿农民作为肥料的最终施用者，由于缺乏肥料施用知识和信息而对农作物能够吸收多少肥料了解不足，指出需要加强施肥培训以减少化肥施用。

关于农药减量施用：农户农药施用受农户个体及家庭经营特征、认知特征等方面的影响。Kruger 和 Polanski（2011）认为，农业生产者性别不同，其农药施用行为会有显著差异。也有研究表明，女性农户过量施用农药的可能性比男性农户大（Schreinemachers 等，2017）。毛飞和孔祥智（2011）研究发现，苹果种植户户主年龄越小、受教育水平越高，选配的农药越安全，同时农户对农药残留的了解有助于其农药施用方式的优化。米建伟等（2012）发现，具有较高风险规避程度的农户会施用更多的农药以防止损失。童霞等（2011）研究发现，农户年龄大，由于节俭原因可能加量施用剩余农药，农户家庭总收入越多，种植面积越多，越不可能加量施用农药。蔡银莺和余亮亮（2014）研究发现，村集体经济状况以及农户改善农业环境的期望正向影响农户减少农药施用受偿意愿。任重和薛兴利（2016）认为，农业收入占比越高的农户越期望施用无公害农药增加收入，无公害农产品价格、农药残留认识能显著影响农户施用无公害农药。朱淀等（2014）发现，导致农户过量施用农药的本质原因是损失厌恶。

2.2.2　外部因素

外部因素包括政府政策、技术培训、生产和销售环境等。

关于化肥减量施用：蔡荣等（2019）以家庭农场作为研究对象，发现家庭农场加入合作社后，化肥减施概率提高 43.3%，认为家庭农场和合作社作为新型农业经营主体，在化肥减量施用方面是可以相互促进的。玛衣拉·吐尔逊等（2016）研究发现，施肥培训和指导对农户减量施用化肥的影响显著。张利国（2008）研究发现，农户对环境的关注程度以及技术培训能够减少农户的化肥施用量。项诚等（2012）发现，技术培训对引导农户减少氮肥施用量，促进农户合理施肥的效果显著。生产和销售的环境对优化农户施肥行为，促进化肥减少施用有一定的约束或激励作用。何浩然等（2006）研究发现，当农业生产受到灾害影响，农产品质量下降时，农户会减少化肥施用量。张利国（2008）认为，销售合同、合作社、垂直一体化、生产合同等更加紧密协作的农业生产方式会对农户的化肥施用量起到一定的约束作用。左喆瑜（2015）、纪月清等（2016）、仇焕广等（2014）分别指出，农户选择环境友好型肥料（有机肥和控释肥）以及过量施用化肥都是为保证产量，稳定经济收入。Starbird（1994）通过对美国加利福尼亚州西红柿种植户的生产行为进行研究，发现种植户会根据企业对产品质量的要求调整施肥结构。

关于农药减量施用：农户不合理的农药施用行为对农业生态环境、农产品质量安全的负面影响不可忽视。农户作为农业生产的源头，是农产品的"第一"生产者，农户的农药施用行为是决定农产品质量安全的关键（黄祖辉等，2016）。农户农药施用除了受自身内部特征的影响，还受到外部环境的影响，其中政府政策对农户农药施用行为的影响不可忽视。王常伟和顾海英（2013）研究发现，农产品农药残留检测能对农户农药施用行为起到有效的规范作用，但政府的种植监管和宣传指导对农户过量施用农药行为没有显著作用。王建华等（2015）研究发现，政府对农户进行科学施药培训、对农产品农药残留进行检测、进行施药知识宣传、处罚违规施药行为、构建农业科学施用标准等能够较好地引导农户考虑是否施用农药以及安全间隔期，但对控制农户过量施药的作用有限。Zhang 等（2018）研究发现，农民对环境的关注、对农药残留的认知、对农产品质量的关注和投入控制对农民农药减量施用意愿有显著的正向影响，而非农业收入份额对其有显著的负向影响，对于农药减量施用，农民自律比政府规制更为有效。

2.3 绿色农业投入品施用行为

农业生产中的绿色投入品包括有机肥、农家肥、生物菌肥、生物农药等，农户绿色农业投入品施用受政府政策、经济收益、农户个人及家庭经营特征等因素的影响。本书的主要研究结论总结如下：

2.3.1 政府政策和经济收益推动

政府政策方面：朱利群等（2018）在风险规避理论的基础之上研究发现，政府对施肥技术的宣传、农户对有机肥的了解和过量施肥危害的认知能够促进农户施用有机肥和配方肥。畅华仪等（2019）通过研究农户生物农药施用行为，发现技术感知显著影响农户施用生物农药的决策，不同的服务主体对农户的影响也不同，政府作为技术服务主体，对农户施用行为的影响最强烈。杨钰蓉和罗小锋（2018）从有机肥替代化肥不同模式的角度分析了农户在减量替代政策背景下，施用有机肥替代化肥的意愿和行为，发现多数农户具有较强的有机肥替代化肥意愿，大多数农户愿意采用"有机肥+配方肥"模式，提出技术支持、政府政策配套服务和农产品销售服务政策对不同有机肥替代技术具有不同的影响。郭利京和赵瑾（2017）研究了农户个人特征和社会关系网络影响认知冲突进而影响农户生物农药施用意愿的现象，发现农户生物农药认知、社会规范认同负向影响农户认知冲突，进而对农户生物农药施用意愿具有积极影响。

经济收益方面：左喆瑜（2015）研究发现，农业劳动力老龄化和普遍兼业化使得农业生产缺乏劳动资源，为降低雇工成本、节约劳动力，农户会选择施用控释肥，同时稳定的土地制度也有利于农户环保型肥料施用行为。宋宇（2016）研究了土地流转背景下不同种植规模农户的施肥动因，发现小农户更加关注保障与健康，普通转入户更加关注节省劳动力，流转大户更加关注效益与利润。Wang等（2018）发现，农业合作社成员、有机肥补贴和农场规模对农民选择有机肥具有积极作用。王志刚等（2012）对农户生物农药决策行为和支付意愿进行了研究，发现生物农药价格和安全性、农药残留认知、农户的农业生产基本情况（如劳动力数量、年收入等）会显著影响农户生物农药选择行为。黄炎忠等（2018）以稻农生产"既吃又卖"为背景，研究了稻农生物农药施用行为，发现口粮型稻农生物农药的施用比例比利润型稻农要高，整体来说，稻农生物农药施用比例低，但对生物农药效果满意度高。

2.3.2 农户的个人及家庭经营特征对农户绿色投入品施用的影响

关于环保型肥料：左喆瑜（2015）研究了农户环保型肥料的选择行为，发现户主受教育程度为小学及以下的农户选择商品有机肥的可能性较大，户主文化程度为初中的农户选择农家肥的可能性较大，同时农户商品有机肥与农家肥的施用存在互补效应。在农户环境感知方面，韩枫和朱立志（2016）研究发现，农户环境感知对提高农户有机肥施用意愿具有正向影响；张利国（2008）研究发现，农户对环境的关注程度对农户化肥施用行为有显著负向影响；肖阳等（2017）认为，农户对过量施用化肥的认识、对有机肥施用效果的认知和施肥技能的提高对农家肥施用行为的影响是显著正向的。在耕地特征方面，耕地是农业生产的基础，耕地特征影响农户行为。巩前文等（2008）研究发现，耕地离家距离、耕地质量等级、耕地的灌溉条件、耕地是否为租用等因素都会影响农户施肥结构，如在耕地距离家远的情况下，农户会增加施用化肥，减少施用有机肥，以降低运输成本。蔡荣和韩洪云（2012）认为，果园的水肥综合利用效果会受灌溉条件影响，灌溉条件越好，果园的水肥利用效果越好，农户越会更多使用有机肥。

关于环保型农药：朱淀等（2014）通过对蔬菜种植农户进行研究发现，女性、年龄小于40岁、参加农业合作社、受教育时间大于9年、化学农药残留危害感知等特征能够显著促进农户生物农药施用意愿。傅新红和宋汶庭（2010）对农户生物农药的施用意愿和施用行为进行了研究，发现两者具有一致性，但农户施用意愿和施用行为的影响因素差异较大，女性更愿意施用生物农药，农户受教育程度越高，施用意愿和行为也越积极。郭利京和王颖（2018）研究发现，生物农药施用意愿和行为存在背离，即施用意愿未能有效转化为施用行为，并从农户自我效能、施用习惯、质疑心理等方面分析了生物农药施用意愿和行为背离的原因。

也有研究从政策激励、经济收益、农户个人及家庭特征方面深入分析了农户意愿和行为的关系，探索农户抉择过程。余威震等（2017）对湖北省农户的有机肥技术采用进行了研究，研究结果表明农户在采用有机肥技术意愿与行为上发生背离，生态环境政策认知、化肥减量化行动认知是表层直接因素，性别、年龄、从众心理、土壤肥力以及种植规模是深层根源问题。

2.4　绿色农业技术采用及效应

关于绿色农业技术采用，已有文献多从农业技术培训、技术信息获得便利性、农户个人及家庭生产特征等方面进行了研究，政府政策和经济收益对农户采用绿色农业技术的影响也逐渐得到重视。

（1）政府政策和经济收益对农户采用绿色农业技术的影响。耿宇宁等（2017）发现以价格机制和补贴机制为主要实施方法的经济激励显著促进了农户采用病虫害防控技术，促进作用明显大于政府政策。王世尧等（2017）发现绿色农业技术的预期产量优势和农户技术采用率能有效促进农户接受新技术，也有利于绿色农业技术的扩散。蔡书凯（2013）认为，农户水稻耕作规模与病虫害防控技术的采纳呈"U型"关系，农业收入占家庭总收入的比重越高，农户绿色防控技术采纳水平越高，租入耕地占总耕地面积的比重越高，农户绿色防控技术采纳水平越低，另外，政策扶持和宣传力度、差异化推广策略和服务形式对提高农户病虫害防控技术采纳程度具有积极作用。冯晓龙等（2018）发现，中小规模农户的绿色农业技术采用行为受技术采用后的期望产出的显著正向影响，大规模农户的绿色农业技术采用行为受产出风险的显著负向影响。陈莫凡和黄建华（2018）发现，排除农户较高的风险规避度和消费者较低的偏好水平，政府补贴有助于生态农业技术实现创新扩散。尚燕等（2018）发现，家庭经济水平是制约农户自觉采用绿色化生产技术的重要因素，提高农户的家庭经济水平有利于增强农户实施秸秆还田和减少普通农药施用的生态自觉性。刘洋等（2015）通过调查湖南省农户发现，农户对生态环境的关注程度以及绿色防控技术的易用性、有用性对农户采用绿色防控技术的意愿具有重要作用。

（2）农业技术培训、技术信息获得便利性、农户个人及家庭生产特征对农户采用绿色农业技术的影响。张成玉（2010）认为，影响农户采用测土配方施肥技术的关键因素是测土配方施肥建议卡的发放、配方肥的价格以及农户文化程度。葛继红等（2010）研究发现，农户个人科学施肥能力越强、属于示范户、农户拿到配方卡以及参加培训次数越多，越可能采用测土配方施肥技术，本村化肥销售店对用户采用测土配方施肥技术具有阻碍作用。韩洪云和杨增旭（2011）研究发现，采用测土配方施肥技术的农户增收效果显著，年龄偏大、农业收入比重低、耕地面积小、未能全面理解和掌握测土配方施肥技术以及缺失配方卡等特征对农户采用测土配方施肥技术具有阻碍作用。褚彩虹等（2012）对太湖流域农户测土配方施肥技术采用情况进行了研究，发现农户信息获得能够促进农户采用环境友好型技术，例如加入合作社、参加技术培训、加深对测土配方施肥技术的理解与掌握程度、得到测土配方施肥指导卡这些因素对农户采用测土配方施肥技术具有积极影响。褚彩虹等（2012）较早地通过农户对绿色投入品和绿色农业技术的采用对农业生产绿色转型进行了探索，发现充分的信息渠道对农户采用绿色农业技术（测土配方施肥技术）具有促进作用。罗小娟等（2013）以测土配方技术为例进行研究，发现年龄较小、家庭经济状况较好以及与农技推广人员接触频繁这些因素对农户采用绿色农业技术具有促进作用。李莎莎和朱一鸣（2016）对农户持续使用测土配方施肥的行为进行了研究，发现农户文化程度、加入合作社、配肥点设置、农户施肥信息来源、测土配方施肥服务尤其是测土配方施肥技术培训经历和次数对农户持续使用配方肥促进作用明显。张复宏等（2017）以山东省苹果种植户为研究对象，发现果农对过量施肥的认知越深刻，其越有可能采用测土配方施肥技术，农业生产专业化程度高、有外出打工经历、了解过量施肥危害、参加技术培训、土壤质量较好、果园集中、种植年限长这些特征会促进农户采用测土配方施肥技术。王思琪等（2018）从农户分化的角度研究了测土配方施肥技术的农户采用行为，发现农户受教育程度、测土配方施肥服务以及农户生态认知随家庭非农收入比重增加而减弱，相反，与技术本身关系密切的因素如技术效果、技术可获得性以及技术的理解力对农户采用测土配方施肥技术的促进作用会增强。杨志海（2018）从老龄化和社会网络的视角研究了农户绿色技术采用行为，发现劳动力老龄化带来的学习能力变差等消极因素不利于绿色农业技术的采用，而社会网络因能够扩大农户知识面而有利于绿色农业技术的采用。应瑞瑶和徐斌（2014）发现，农户采纳病虫害统防统治服务对周边其他农户具有示范效应，影响其他农户采纳病虫害统防统治服务的决策。余威震等（2017）指出农户绿色认知差异是导致有机肥技术采纳意愿与行为背离、绿色农业技术推广困难的重要原因之一。

关于绿色农业技术采用的效应，耿宇宁等（2017）对农户绿色防控技术进行了详细分类研究，并对其经济效应和环境效应进行了评价，发现绿色防控技术具有显著的经济与环境效应，但不同绿色防控技术手段的经济与环境效应存在明显差异。其中，人工释放天敌技术和平衡施肥技术具有显著的经济效应与环境效应；杀虫灯技术具有显著的环境效应，但经济效应不显著。关于绿色农业技术采用的效应，很多学者从施肥培训对农户施肥强度的影响这个角度展开研究，强调施肥培训的作用。胡瑞法、黄季焜等（2007）研究表明，在不影响水稻产量的前提下，通过施肥培训，水稻化肥施用能够减少15%~30%。对玉米、小麦也有类似的研究结果，项诚等（2012）通过对华北平原玉米生产农户进行试验研究，发现对农户培训有效地减少了22%的氮肥使用。项诚等（2012）对山东省两个地方的农户进行施肥培训，发现在不影响小麦产量的前提下，受过施肥培训的农户氮肥施用量下降了7%。冯献等（2017）针对北京市节水设施蔬菜，对不同节水设施的投入产出效率进行了分析，发现膜下滴灌、水肥一体化、畦灌等技术已达到投入产出最优状态，但沟灌、膜下沟灌、膜下微喷技术还存在优化潜力。

2.5 对现有研究的评述

纵观国内外研究，学者们采用经济学、社会学、心理学等交叉学科知识对农户农业投入品施用、农业技术采用行为进行了一系列研究。目前的研究呈现两大趋势：一是对农业生产绿色转型中农户行为的探索从农户基本的个体特征、家庭经营特征转向更加重视政府政策和经济收益等因素，重视政府政策和经济收益对农户行为的引导、约束和激励作用；二是研究主体从农户个体转向整个农业生产系统，注重农业生产转型中政府、市场、农户、合作社以及农技推广部门等各个主体的利益协同，共同促进农业生产绿色转型。

现有研究仍有发展空间。第一，已有研究多从农业绿色生产的各个环节对农业生产绿色转型开展研究，从农户农业生产绿色转型的整体视角对农户农业生产绿色转型的关键动机乃至影响机制进行探讨的研究相对较少。第二，在探讨农户绿色投入品影响因素时，大多将农户是否"施用过"该绿色投入品作为判断农户农业生产绿色转型积极性的标准，未考虑农户具体施用绿色投入品的频率。事实上，有相当比例的农户仅出于偶然性原因偶尔施用过绿色农业投入品。第三，已有的关于绿色农业技术采用的研究中，通过考察绿色农业技术环境效应和经济效应来研究如何更好地推广绿色农业技术的较少。第四，农户行为受到多种绿色农业技术和不同绿色农业技术培训主体的影响，分析不同绿色农业技术培训方式对农户施肥效应影响的文献较少。综上，本书在借鉴前人研究成果的基础上，以山东设施蔬菜种植户农业生产绿色转型为研究对象，从政府政策和经济收益的角度选取了政府监管、政策补贴、农业年收入、绿色农业投入品成本、绿色农业技术成本、农业废弃物处理成本等变量研究了农户农业生产绿色转型的影响机制，以此为基础，围绕化肥农药减量提效进一步从农业绿色生产的两个方面分别研究了绿色农业投入品施用和绿色农业技术的采用及效应。

第3章 农户生产绿色转型理论分析

目前农业生产的目标已由单一的追求增产增收向环境友好、注重农产品质量安全转变，农户作为农业生产的基本主体，其生产行为对农业生产绿色转型有重要影响。本章的农户生产绿色转型行为指农户参与农业生产绿色转型行为。本章以农户行为理论和外部性理论为基础，分析了农户生产绿色转型的经济条件和政策激励机理。以此为基础，构建了基于政府政策和经济收益的农户生产绿色转型研究框架，为后续研究提供了理论依据。

3.1 农户生产绿色转型行为

3.1.1 行为主体

在很长一段时间内，农户仍将作为我国农业基本经营主体，设施蔬菜生产仍属于劳动密集型产业，而设施蔬菜种植户是农业生产绿色转型的行为主体，其生产行为对我国农业生产绿色转型具有重要影响。设施蔬菜生产以小农生产为主，规模化程度低，"高耗能、高投入"的生产方式带来了一系列农业生产环境和农产品质量安全问题。农业生产绿色转型符合社会期望，转变农业生产方式，推广绿色农业投入品和绿色农业技术仍将是一项长期、复杂的工程。从我国农业发展的现状来看，农户对常规非绿色生产方式的依赖严重制约了我国农业质量效益的提升，通过化肥农药减量提效，采用绿色农业投入品（如有机肥、生物菌肥、生物农药）和绿色农业技术（如水肥一体化技术、测土配方施肥技术、病虫害防控技术等），不仅能够减少农业生产资源浪费，控制农业面源污染，减少农药残留，还能够提升农产品品质，提高农业质量效益和竞争力。农业生产方式的转变，农户发挥关键主体作用。只有农户革新生产理念，转变农业生产方式，才能够实现我国农业生产绿色转型。根据目前的生产状况，设施蔬菜生产由于劳动密集、机械化程度低、以传统农户家庭经营模式为主，家庭农场和专业大户经营主体不多。合作社主要提供与生产相关的附属服务，如技术培训服务、生产及销售信息服务等。

3.1.2 行为过程

行为过程指行为主体为实现目标实行的一系列活动的总过程。心理学和行为学都对行为过程进行了定义，心理学认为行为主体对外界刺激作出的一切反应都是行为过程。不同学科均认为行为过程是连续的，呈现多阶段特征。

（1）Klonglan 和 Cowad 行为过程。Klonglan 和 Cowad 行为过程（象征性行为过程）由 Klonglan 和 Cowad 于 1970 年提出，认为行为主体首先要对某项创新的特征和属性进行认知、理解，这一过程完成之后，对这一创新活动进行评价，由此真正的创新采纳可能发生。总体而言，象征性行为过程模型将行为过程分为"认知—信息—评价—尝试—采纳"，认为行为主体的采纳分为象征性采纳和真正采纳两个主要步骤，强调行为主体在尝试一项创新活动时必须首先要在理念上接受，这一行为过程如图 3-1 所示。

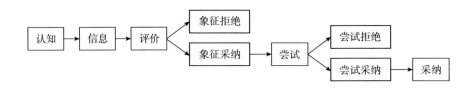

图 3-1　Klonglan 和 Cowad 行为过程

（2）Spence 行为过程。此模型与 Klonglan 和 Cowad 行为过程（象征性行为过程）模型具有类似之处，将行为过程分为认知、兴趣、评价等阶段，行为主体在具有兴趣的前提下，进行行为"尝试"，进而通过行为主体的"满意度"评价，决定是否采纳这一创新。行为主体在尝试的前提下，根据是否满意，采取相应的行为，"满意"阶段的评价对行为主体是否真正采纳此项创新至关重要。这一行为过程如图 3-2 所示。

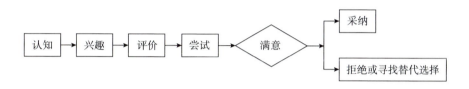

图 3-2　Spence 行为过程

（3）Rogers 行为过程。Rogers 提出了创新决策过程模型，形成了创新扩散理论。Rogers 行为过程认为行为主体从最初认知创新到最终确认采纳创新是一个完整的过程，基于推广角度，将行为过程分为 5 个阶段。首先，在认知阶段，行为主体对创新的基本信息进行了解；其次，在说服阶段，行为主体根据是否认可该创新对创新进行评价；再次，在决策阶段，行为主体根据前两个阶段的认知和评价，确定是否采纳创新；最后，持有积极态度的行为主体开始实施决策，并根据行为效果对决策阶段进行重新评价，根据实施结果决定继续还是停止采纳创新。与 Klonglan 和 Cowad 行为过程以及 Spence 行为过程相比，Rogers 行为过程增加了对创新采纳的效应评价。这一行为过程如图 3-3 所示。

图 3-3　Rogers 行为过程

以上三个主流行为过程模型对于分析农户绿色生产行为具有重要参考价值，农户生产绿色转型要求农户首先要革新生产理念，生产理念的革新是生产方式转变的前提。结合设施蔬菜种植户绿色农业投入品和绿色农业技术的采纳过程，只有让农户先了解绿色农业投入品和绿色农业技术，并让那些具有信任和认同感以及实际操作能力的农户通过尝试采纳，对其效果进行评价，才能决定是否真正施用绿色投入品、采用绿色农业技术。

3.2 农户行为理论下农户生产绿色转型特征

农户行为理论主要包括理性小农学派、生存小农学派和商品小农学派，是研究农户行为的重要理论之一。农户行为理论通过对农户行为动机的深入剖析，对农户的农业生产决策进行评价，试图纠正农户有限理性的生产决策，以追求资源的最优配置和社会效益最大化。理性小农学派以舒尔茨为代表，认为农户是"理性经济人"，所有的生产行为都是为追求利润最大化。理性小农在生产中时刻注重以最小的成本获得尽可能多的产出。舒尔茨认为先进的农业生产技术能够有效促进传统农业向现代农业转变。波普金对舒尔茨的理论进行了补充，增加了农户家庭福利追求动机，提出农户既是"理性经济人"，同时也会根据生活生产经验和价值观平衡长期利益和短期利益，追求家庭福利最大化。生存小农学派主要代表人物是恰亚诺夫，他认为农业生产活动始于自给自足的自然经济，农民从事农业生产活动是为满足家庭消费需要，属于谋生行为，并不为追逐效益。生存小农学派以农民从事农业生产活动产生正向效用和负向效用为理论基础，农民从事农业生产活动能够满足家庭消费需要，这是正向收入效用，而从事农业生产活动需要付出辛勤的劳动，这是负向劳动效用。商品小农学派结合了理性小农学派和生存小农学派的观点，以黄宗智为主要代表人物，他以我国小农生产实际情况为根据，提出小农进行农业生产既为追求利润最大化，也为维持生计。另外，黄宗智对中国小农的面貌特征进行了总结，指出小农生产决策受家庭需要和追求利益的共同影响，我国小农追逐利益行为受到农产品价格和市场供求影响，并会根据产品价格和市场供求做出灵活调整。

本书以设施蔬菜种植户绿色生产行为作为研究对象，设施蔬菜种植户的生产行为是对成本收益做出衡量之后的理性选择，其自身的局限性决定了其生产决策

的有限理性。农户在做出决策时，不仅受农户自身特征的影响，还受外部环境的
影响。设施蔬菜种植户农业生产行为往往会表现出以下几点特征：第一，经济人
的特征。农户对绿色农业投入品和绿色农业技术做出选择时，往往会考虑其成本
收益。如对于生物菌肥，农户会考虑其价格以及能否真正改善土壤质量、提高蔬
菜产量；对于病虫害防控技术，农户不可避免地会对其防虫治虫效果和安装成本
进行考量。第二，有限理性的特征。农户由于自身的局限性，容易偏重对经济收
益的关注，忽略环境影响，在农业生产中多项决策表现出有限理性。例如，在农
业生产过程中，农户为防治病虫害选择农药时只关注其效果，忽略农药是否为生
物农药或者为低毒低残留农药。第三，风险规避的特征。农户面对新技术、新产
品时，为规避风险，往往选择观望，慎重考虑，避免这种风险可能带来的损失。
例如，当农户首次接触生物农药时，会出于担心药效而继续施用传统农药，避免
风险。针对农户生产特征，政府可以通过政府政策和政府监管一系列方式优化农
户生产行为，促进农户转变农业生产方式。农户生产绿色转型是解决目前我国农
业污染问题和农产品质量安全问题的重要途径，也是质量兴农战略的要求。绿色
农业具有较高的环境正外部性，在信息不对称的情况下，需要政府通过一系列的
激励和约束政策推动农户绿色生产。农户行为理论下农户生产绿色转型的具体特
征如图 3-4 所示。

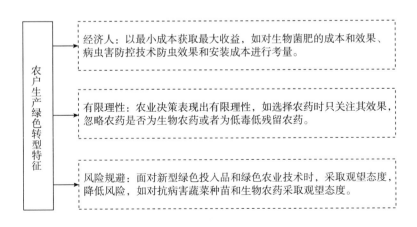

图 3-4　农户行为理论下的农户生产绿色转型特征

3.3　农户生产绿色转型的经济条件与政策激励机理

3.3.1　农户绿色农业技术采纳的经济条件

在农户生产方式由常规非绿色生产方式转向绿色生产方式的过程中，绿色农业技术发挥了重要作用。但从农户角度而言，农户更多从生产效益的角度对绿色农业技术进行衡量，如绿色农业技术能否降低投入成本和劳动强度等。随着城乡居民消费不断升级，人们对农产品品质和自然环境有了更高期望，农业生产的目标由注重数量向同时注重质量和效益转变，而且随着市场的完善，质量也越来越影响到效益。设施蔬菜种植户同时具有农业生产者和农资消费者双重身份，进行设施蔬菜生产的目的是通过增加收益、减少成本来提高效用。因此，关于设施蔬菜生产中的农户效用，引入收入约束、劳动时间约束、环境约束对农户效用如何实现最大化进行分析。

设定农户目标效用函数为 $U（C，L，E，M）$，其中农户效用受消费商品数量 C、休闲时间 L、农业生态环境质量 E（这里的农业生态环境质量指存量概念的农业生态环境质量，而不是流量概念的污染排放）、其他外生变量 M（如气候条件、农户自身特征等）的影响。假定消费商品数量增加、休闲时间增多、农业生态环境质量改善都能够提高农户效用，即 $\frac{\alpha U}{\alpha C}>0$，同时 $\frac{\alpha U}{\alpha L}>0$，$\frac{\alpha U}{\alpha E}>0$。其他外生变量对农户效用的影响方向根据外生变量特性决定。理性的农户为实现效用最大化，一方面需要满足自身物质消费，降低劳动强度，增加休闲时间，另一方面需要提高生态环境质量，改善农业生产环境。农户目标效用函数以及具体的约束条件如下：

max $U（C，L，E，M）$

收入约束：$P_c C \leqslant P_Q Q - P_x X + P_w T_l + TP（\varphi）+ ZR$ 　　　　（3.1）

时间约束：$T = T_l（\varphi）+ T_w + T_n$ 　　　　（3.2）

环境约束：$E = E (E_0, X, \varphi, R)$　　　　　　　　　　　　　　(3.3)

农业生产函数：$Q = Q (X(\varphi), E(\varphi), T_l(\varphi), \varphi)$　　　　　(3.4)

式（3.1）中，农户收入约束指的是农户可支配收入由农户农业净收入（$P_Q Q - P_x X$）、兼业收入（$P_w T_l$）、农业绿色生产补贴（$TP(\varphi)$）、其他收入（ZR）四部分共同构成，农户消费支出（$P_C C$）小于其可支配收入。

（1）农业净收入（$P_Q Q - P_x X$）。其中，P_Q 表示农产品出售价格，Q 表示农产品产量，P_x 表示农业生产要素价格，X 表示农业生产要素投入数量。$P_Q Q$ 指农产品售价与农产品产量的乘积，即农业生产总收入；$P_x X$ 指农业生产要素价格与农业生产要素投入数量的乘积，即农业生产成本。故 $P_Q Q - P_x X$ 指农业生产总收入与农业生产成本之差，即农业净收入。

农产品产量 Q 是指农户在特定生产方式下，通过组合劳动、资本、土地等农业生产要素所能获得的最大产量。在此将农业生产要素分为三类：农业投入品如肥料、农药等；农业生态环境质量；务农劳动时间。农户绿色农业技术的采纳程度 φ 对这三类要素投入具有直接影响，据此建立农业生产函数式（3.4），农产品产量表现为化肥、农药等投入物质生产要素 X、农业生态环境 E、务农劳动时间 T_l、农户绿色农业技术采纳 φ 的有机组合。假设农业生产函数是递减的增函数，且投入物质生产要素、农业生态环境质量、务农劳动时间这些要素之间具有相互替代关系，则需要满足：$Q'_W(.) > 0$，$Q'_E(.) > 0$，$Q'_T(.) > 0$，且 $Q''_W(.) < 0$，$Q''_E(.) < 0$，$Q''_T(.) < 0$，$Q''_{W,E}(.) > 0$，$Q''_{E,T}(.) > 0$，$Q''_{W,T}(.) > 0$。农业生态环境质量与其余生产要素投入相互影响，且直接影响农业生产，如化肥不合理施用造成土壤质量破坏，进而影响农产品产量，因此将农业生态环境约束纳入生产函数。

（2）兼业收入（$P_w T_l$）。这里的兼业收入指农户从事非农业生产经营活动所得的净收入，为农户兼业工资（P_w）与兼业劳动时间（T_l）的乘积减去兼业成本。为了便于分析，假设兼业成本为 0。

（3）农业绿色生产补贴（$TP(\varphi)$）。绿色农业生产方式对社会具有正外部性影响，政府往往对绿色生产方式进行补贴。农户生产绿色转型越到位，绿色生产方式越完善，所得到的绿色补贴收入（$TP(\varphi)$）越大。

（4）其他收入（ZR）。主要包括农户所得的利息、红利、租金等。

式（3.2）中，农户的时间约束指农户的个人总时间（T）分为务农劳动时间（$T_l(\varphi)$）、兼业时间（T_w）、休闲时间（T_n）。

式（3.3）中，环境约束指的是环境最初情况、农业投入品（如化肥、农药）等农业生产要素 X 和其他外生变量对农业生态环境质量的影响。假设农业生态环境质量是关于农业生产要素投入的递增减函数，是关于农业技术采用的递减增函数，即满足 $E'_x(.)<0$，$E'_\varphi(.)>0$。这意味着，随着绿色农业技术（如测土配方施肥技术、病虫害防控技术等）采纳水平的提高，以化肥、农药为代表的农业生产要素投入减少，农业生态环境质量提高，可以简写为 $E'_\varphi(.)>0$。

基于最优控制理论，建立关于消费和休闲时间的拉格朗日函数，获取农户绿色农业技术采纳行为的经济条件。

$$L = U\{C, T_n, E, M\} + \lambda_1 \left\{ \begin{array}{c} P_Q Q[X(\varphi), E(E_0, X, \varphi, R), T_l(\varphi), \varphi] \\ -P_x X(\varphi) + P_w T_n + TP(\varphi) + ZR - P_C C \end{array} \right\} +$$

$$\lambda_2[T - T_l(\varphi) T_w - T_n] \tag{3.5}$$

利用库恩塔克（Kuhn-Tucker）条件，求解：

$$\frac{\alpha L}{\alpha C} = \frac{\alpha U}{\alpha C} - \lambda_1 P_C = 0 \tag{3.6}$$

$$\frac{\alpha L}{\alpha T_n} = \frac{\alpha U}{\alpha T_n} - \lambda_2 = 0 \tag{3.7}$$

$$\frac{\alpha L}{\alpha E} = \frac{\alpha U}{\alpha E} + \lambda_1 P_Q \frac{\alpha Q}{\alpha E} = 0 \tag{3.8}$$

$$\frac{\alpha L}{\alpha T_w} = \lambda_1 P_w - \lambda_2 = 0 \tag{3.9}$$

$$\frac{\alpha L}{\alpha T_l} = \lambda_1 P_Q \frac{\alpha Q}{\alpha T_l} - \lambda_2 = 0 \tag{3.10}$$

$$\frac{\alpha L}{\alpha X} = \lambda_1 P_Q \frac{\alpha Q}{\alpha X} \left(1 + \frac{\alpha E}{\alpha X} \right) - \lambda_1 P_x = 0 \tag{3.11}$$

$$\frac{\alpha L}{\alpha \varphi} = \lambda_1 P_Q \left(\frac{\alpha Q}{\alpha X} \cdot \frac{\alpha X}{\alpha \varphi} + \frac{\alpha Q}{\alpha E} \cdot \frac{\alpha E}{\alpha \varphi} + \frac{\alpha Q}{\alpha T_l} \cdot \frac{\alpha T_l}{\alpha \varphi} + \frac{\alpha Q}{\alpha \varphi} \right) - \lambda_1 P_x \frac{\alpha X}{\alpha \varphi} + \lambda_1 \frac{\alpha TP}{\alpha \varphi} - \lambda_2 \frac{\alpha T_l}{\alpha \varphi} = 0$$

$$\tag{3.12}$$

$$\frac{\alpha L}{\alpha \lambda_1} = P_Q Q\left[X(\varphi), E(E_0, X, \varphi, R), T_l(\varphi), \varphi\right] - P_x X(\varphi) +$$

$$P_w T_n + ZR - P_C C = 0 \tag{3.13}$$

$$\frac{\alpha L}{\alpha \lambda_2} = T - T_l(\varphi) - T_w - T_n = 0 \tag{3.14}$$

由式（3.6）、式（3.7）、式（3.9）换算可以得到：$\dfrac{\alpha U}{\alpha T_n}\Big/\dfrac{\alpha U}{\alpha C} = \dfrac{P_w}{P_C}$，即商品消费量和休闲时间之间的替代率等于兼业工资和商品价格之比。由式（3.10）化简可得：$P_Q \dfrac{\alpha Q}{\alpha T_l} = \dfrac{\lambda_2}{\lambda_1} = P_w$，可以发现，当农户务农劳动产生的边际价值等于兼业工资时，其务农劳动时间达到最优。由式（3.6）、式（3.8）整理得到：$\dfrac{\alpha U}{\alpha E}\Big/\dfrac{\alpha U}{\alpha C} = -\dfrac{P_Q}{P_C} \cdot \dfrac{\alpha Q}{\alpha E}$，发现环境效用和商品效用之间的边际替代率为负，说明农业生态环境和商品消费两者之间存在替代关系。这与我国农业生产前期阶段过度重视农业产出，忽视环境质量相符。随着商品消费的边际效用递减，农业生态环境质量越来越被重视。将式（3.12）进行简化，可以得到：$P_Q\left(\dfrac{\alpha Q}{\alpha \varphi} + \dfrac{\alpha TP}{\alpha \varphi}\right) = P_x \dfrac{\alpha X}{\alpha \varphi} + P_w \dfrac{\alpha T_l}{\alpha \varphi}$，其中，$P_Q \dfrac{\alpha Q}{\alpha \varphi}$ 表示农户采纳绿色农业技术的边际收益，包括投入物质生产要素的边际收益、劳动力及环境的边际收益；$P_Q \dfrac{\alpha TP}{\alpha \varphi}$ 表示农户采纳绿色农业技术的边际补贴；$P_x \dfrac{\alpha X}{\alpha \varphi}$、$P_w \dfrac{\alpha T_l}{\alpha \varphi}$ 分别表示农户采纳绿色农业技术前提下，投入物质生产要素的边际成本和务农劳动边际成本。当农户采纳绿色农业技术边际收益等于边际成本时，绿色农业技术采纳水平达到最优。

3.3.2　信息不对称导致农户生产绿色转型动力不足

关于设施蔬菜种植户绿色生产，农户与消费者、农户与政府、农户与农户之间存在博弈，只有解决了农户与消费者之间的信息不对称，实现农产品的"优质优价"，才能真正推动设施蔬菜种植户农业生产绿色转型。农产品是否采用绿色农业生产方式生产、农药残留等指标无法识别，消费者只能通过品尝的方式，利用口感对品质进行初步粗略的判断。在我国以小农户生产为基本情况、农户种植分散的前提下，检测成本极高。这样，农产品生产者和消费者之间存在极大的信息不对称。一方面，生产者是否采用绿色农业生产方式不能被消费者有效识别，容易出现"劣币驱逐良币"现象；另一方面，消费者缺乏判断农产品质量的技术工具，对优质安全农产品的有效需求得不到满足。

贝叶斯纳什均衡（Bayesian Nash Equilibrium）模型对非完全信息下，参与者的博弈行为和博弈策略进行了讨论。根据贝叶斯纳什均衡模型，在博弈过程中，参与者目标是实现自己利益最大化，在该目标的指导下做出策略选择，但并不知道其他参与者的策略选择。农产品生产者和消费者之间存在信息非对称性。

条件1：农户采用绿色生产方式的概率为p_1，不采用绿色生产方式的概率为$1-p_1$；消费者购买概率为p_2，不购买概率为$1-p_2$。

条件2：关于绿色生产方式，农户有"采用、不采用"两种选择，消费者相应的选择为"购买、不购买"。两者目标均是实现效用最大化。

条件3：当农户采用绿色生产方式，如果消费者选择购买，则效用值分别为m_1、m_2，如果消费者不购买，则效用值分别为$-n_1$、0；当农户不采用绿色生产方式时，如果消费者购买，效用值分别为m_3、$-m_4$，若消费者不购买，则效用值分别为$-n_2$、0。

根据农业生产现实情况中的农户生产行为和消费者消费行为进行如下合理推断：第一，由于消费者缺乏专业技术工具，同时检验成本较高，消费者无法判断农产品是否为通过绿色农业生产方式生产出来的，因此农户将以相同的价格出售绿色农业生产方式和非绿色农业生产方式生产出来的农产品。第二，在"优质优价"的透明市场未能实现的条件下，农户绿色生产的效用小于非绿色生产的效用，相应的损失也大于非绿色生产的损失，消费者消费非绿色农产品的效用值为负。因此，可以假设$m_3>m_1>0$，$n_1>n_2>0$，$m_2>0$，$m_4>0$，得到农户和消费者的策略选择矩阵（见图3-5）。

从消费者角度而言，当购买的期望效用等于未购买的期望效用，即$u(p_2=1)=u(p_2=0)$，达到均衡，进一步细化得到：

$$p_2(m_2p_1-m_4+m_4p_1)=0 \tag{3.15}$$

		消费者	
		购买（p_2）	不购买（$1-p_2$）
农户	采用绿色生产方式（p_1）	m_1，m_2	$-n_1$，0
	不采用绿色生产方式（$1-p_1$）	m_3，$-m_4$	$-n_2$，0

图 3-5　农户与消费者的博弈矩阵

对式（3.15）中 p_2 求导，得到 $p_1 = \dfrac{m_4}{m_2} + m_4$。在消费者期望效用 $u \geq 0$ 时，消费者农产品购买行为才会发生，即消费者农产品购买行为发生条件为：$p_1 \geq \dfrac{m_4}{m_2} + m_4$。而当 $u \leq 0$，即 $p_1 \leq \dfrac{m_4}{m_2} + m_4$ 时，消费者农产品购买行为不会发生。

以上四个博弈策略中，最优均衡并不是消费者购买农产品、农户不采用绿色生产方式。消费者在购买农产品时，由于无法了解农户具体的生产方式，往往假设农户为追求收益选择常规生产方式生产，购买农产品效用为负（$-b_2$），不购买的效用为 0，因此消费者选择不购买。消费者的选择进一步影响了农户生产方式选择，最终由于农产品市场生产消息和消费信息不对称，导致农业绿色生产动力不足。

综上所述，由于消费者缺乏充分的信息，无法确认农产品是不是由绿色生产方式生产出来的，而未能实现"优质优价"的市场环境导致农户不采用绿色生产方式，最终均衡结果为不购买、不采用。在信息不对称的市场，容易出现"劣币驱逐良币"现象，提供好的产品容易吃亏而遭到淘汰，提供坏的产品容易得益而逐渐占领市场，这种逆向选择的结果就是所谓的"柠檬市场"，即次品市场。从理论上来讲，农产品市场会逐步消失，但农产品是生存和生活必需品，农产品需求价格弹性小、替代品少，因此即使存在"柠檬市场"，农产品需求也不会出现较大波动。消费者尽管会比较品牌，但我国农业生产以小农户分散生产为主，小农户建立品牌成本远远高于收益，且品牌信誉维护困难，小农户和消费者之间信息有效传递存在困难。只有将消费者对农产品品质的需求及时有效地传递给农户，促进"优质优价"农产品市场的形成，才能给予农户绿色生产的信心和动力，促进农户生产绿色转型。

3.3.3 外部性理论下农户生产绿色转型的政策激励

外部性理论起源于马歇尔 1890 年在《经济学原理》中提出的"外部经济"的概念，20 世纪 30 年代庇古首次从福利经济学的角度对外部性的本质进行了系统的研究和阐述。外部性实际上是对边际私人成本与边际社会成本、边际私人收益与边际社会收益不一致的阐述。针对不同经济主体而言，外部性分为正外部性和负外部性。针对如何解决外部性，庇古认为政府应当采取适当的经济政策对产生正外部性的经营主体进行补贴，对产生负外部性的经营主体征税，这就是"庇古税"的来源。科斯理论进一步完善了庇古理论，是对庇古理论的一种扬弃。科斯理论认为，在市场化程度高的国家，交易成本较低或者接近零的情况下，可以积极探索外部成本内部化。

目前我国直接与农业生产绿色转型相关的农业补贴仍然较为缺乏。2016 年，财政部、农业部联合印发了《建立以绿色生态为导向的农业补贴制度改革方案》，通过政策激励进一步完善农业补贴制度，促进农业资源合理利用和农业生态环境保护，但是具体的农业绿色补贴政策还未推出。目前，在我国农业整个补贴体系中，只有退耕还林粮食折现补贴、退耕还林粮食费用补贴两项补贴与农业生产绿色转型有关。不过，地方政府通过灵活的方式因地制宜地推出了有利于农业生产绿色转型的农业生产方案。以设施蔬菜生产为例，设施蔬菜种植农户减少施用化肥，施用生物菌肥对改善土壤质量、保护生态环境具有很积极的作用，是有正外部性的。地方政府通过行政力量推广生物菌肥，以集中招标的方式，筛选有实力的大企业，进行集中谈判，大批量购买施用，降低生物菌肥价格，降低农户生产成本。同时，积极向农户宣传生物菌肥在改善土壤质量、提高产量、改善蔬菜品质方面的优势。农户作为理性的经济人，会主动比较新型肥料与传统化肥、有机肥的成本收益。在绿色农业技术方面，设施蔬菜种植农户在政府宣传倡导下，主要采用的绿色农业技术包括测土配方施肥技术、水肥一体化技术、病虫害防控技术等。调研过程中发现，水肥一体化技术能够改善土壤质量，改善蔬菜品质，农户采用意愿较强。病虫害防控技术和测土配方施肥技术由于未能显著提高农业生产效益，农户反应不如水肥一体化技术积极。一般存在外部性的地方，政府政策容易失灵，实现"外部效应内在化"，如政策约束、效益激励才是提高效率的根本途径。图 3-6 为外部性理论下农户采用绿色技术的具体行为。

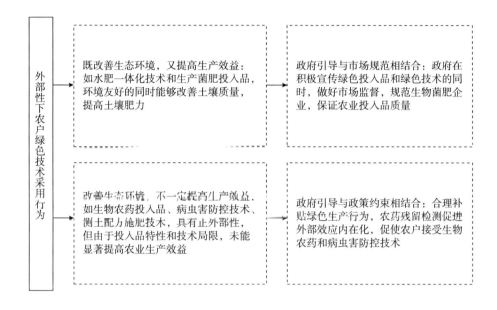

图 3-6　外部性理论下农户绿色技术采用行为

农户行为理论认为，设施蔬菜农户作为"理性经济人"，其从事农业生产以追求利润为目标，追求收益最大化，在生产过程中的要素投入容易忽略农业生产对农业生态环境造成的影响。在利润最大化目标下，农户进行农业生产的利润为：

$$\pi = pf\left(x_i^n,\ x_i^g\right) - p_i^n x_i^n - p_i^g x_i^g \tag{3.16}$$

$$p_i^n x_i^n + p_i^g x_i^g \leqslant y \tag{3.17}$$

其中，p 指农产品价格，$f\left(x_i^n,\ x_i^g\right)$ 指设施蔬菜农户 i 的农业生产函数，p_i^n、p_i^g 分别指农户农业生产绿色转型中的常规农业生产要素价格和绿色农业生产要素价格，x_i^n、x_i^g 分别指农业生产中的常规农业生产要素使用量和绿色农业生产要素使用量。y 为农户收入。

由农户进行农业生产的利润最大化一阶条件可知：

$$\frac{\alpha\pi}{\alpha x_i^n}=p\frac{\alpha f\ (x_i^n,\ x_i^g)}{\alpha x_i^n}-p_i^n=0 \qquad (3.18)$$

$$\frac{\alpha\pi}{\alpha x_i^g}=p\frac{\alpha f\ (x_i^n,\ x_i^g)}{\alpha x_i^g}-p_i^g=0 \qquad (3.19)$$

式（3.18）、式（3.19）进一步简化得到：

$$\frac{p_i^g}{p_i^n}=\frac{\dfrac{\alpha f\ (x_i^n,\ x_i^g)}{\alpha x_i^g}}{\dfrac{\alpha f\ (x_i^n,\ x_i^g)}{\alpha x_i^n}} \qquad (3.20)$$

$$MRTS_{gn}=-\frac{dx_i^n}{dx_i^g}=\frac{mp_i^g}{mp_i^n}=\frac{p_i^g}{p_i^n} \qquad (3.21)$$

由式（3.21）可知设施蔬菜农户农业生产要素的最佳投入量。设施蔬菜农户在农业生产绿色转型中，根据常规农业生产要素和绿色农业生产要素的价格、常规农业生产要素和绿色农业生产要素对农业生产的贡献来确定两种要素的投入量。然而，在具体农业生产中，设施蔬菜农户的农业绿色生产行为还会受到政府监管、政府补贴等外部因素的影响。

外部性理论考虑了农户生产行为带来的社会收益和社会成本，是对标准经济理论下农户行为的补充。我们对农户行为理论下农户进行农业生产如何配置常规农业生产要素和绿色农业生产要素进行了总结。在外部性理论下，农户绿色农业技术的采用行为将考虑社会收益和社会成本，特征如下：

假定在农业生产中，n 个农户采用绿色农业生产方式减少的环境污染量为 $e=e\ (e_1,\ e_2,\ \cdots,\ e_n,\ v,\ \xi)$，而不采用绿色农业生产方式增加的环境污染量为 $\omega=\omega\ (\omega_1,\ \omega_2,\ \cdots,\ \omega_n,\ \mu,\ \lambda)$。其中，$e_i$、$\omega_i$ 分别指第 i 个农户减少和增加的污染量，v、μ 指农户生产对环境影响的随机变量，ξ、λ 为参数向量。若农户 i 采用绿色农业生产方式，农业生产减少的环境污染量为 $e_i=e_i\ (x_i^g,\ v_i)$，若农户 i 未采用绿色农业生产方式，农业生产造成的环境污染量为 $\omega_i=\omega_i\ (x_i^n,\ \mu_i)$。$x_i^n$、$x_i^g$ 分别指农业生产中的常规农业生产要素使用量和绿色农业生产要素使用量。

外部性理论下，农户将采用绿色农业生产方式带来的社会收益 $R\ (e)$ 和未采用绿色农业生产方式带来的社会成本 $C\ (\omega)$ 纳入其生产决策。外部性下农户生产净收益为：

$$ER = \sum_{i=1}^{n} \pi_i(x_i^n,\ x_i^g) + R(e) - C(\omega)$$

$$= \sum_{i=1}^{n} pf(x_i^n,\ x_i^g) - p_i^n x_i^n - p_i^g x_i^g + R(e) - C(\omega) \tag{3.22}$$

$$\text{s. t.} \sum p_i^n x_i^n + \sum p_i^g x_i^g \leqslant y \tag{3.23}$$

在采用绿色农业生产方式带来的社会收益和未采用绿色农业生产方式带来的社会成本具有连续性和曲线凸状的假定下，对外部性下农户生产净收益函数进行一阶求导：

$$\frac{\alpha ER}{\alpha x_i^n} = p\,\frac{f\,(x_i^n,\ x_i^g)}{x_i^n} - p_i^n - C'\,(\omega)\,\frac{\alpha \omega}{\alpha x_i^n} \tag{3.24}$$

$$\frac{\alpha ER}{\alpha x_i^g} = p\,\frac{f\,(x_i^n,\ x_i^g)}{x_i^g} - p_i^g + R'\,(e)\,\frac{\alpha e}{\alpha x_i^g} \tag{3.25}$$

$$MRTS_{gn} = -\frac{dx_i^n}{dx_i^g} = \frac{mp_i^g}{mp_i^n} = \frac{p_i^g - R'\,(e)\,\dfrac{\alpha e}{\alpha x_i^g}}{p_i^n + C'\,(\omega)\,\dfrac{\alpha \omega}{\alpha x_i^n}} \tag{3.26}$$

式（3.24）和式（3.25）分别为农户 i 采用绿色农业生产方式和未采用绿色农业生产方式的社会均衡条件。当农户采用绿色农业生产方式时，产品价格 p_i^g 为边际产品价值 $p\,\dfrac{f\,(x_i^n,\ x_i^g)}{x_i^g}$ 与边际社会收益 $R'\,(e)\,\dfrac{\alpha e}{\alpha x_i^g}$ 之和。当农户未采用绿色农业生产方式时，产品价格 p_i^n 为边际产品价值 $p\,\dfrac{f\,(x_i^n,\ x_i^g)}{x_i^n}$ 与边际社会成本 $C'\,(\omega)\,\dfrac{\alpha \omega}{\alpha x_i^n}$ 之差。

政府往往采用相应的激励政策和约束政策对外部性下农户农业生产行为进行调节，以促使农户在追求利润最大化的同时，关注农业生产环境和农产品质量安全，实现农业生产决策最优。补贴和惩罚是激励设施蔬菜种植户农业生产绿色转型的重要手段。当农户进行农业绿色生产带来正外部性时，一般通过相应补贴补偿菜农；当农户常规农业生产方式带来负外部性时，一般通过相应惩罚予以制止。如图 3-7 所示，P 表示农产品价格，Q 表示农产品产量，PMB 表示农户私人边际收益（Private Marginal Benefit，PMB），SMB 表示社会边际收益（Social Marginal Benefit，SMB）。当设施蔬菜农户采用绿色投入品、绿色农业技术进行农业绿色生产时，属于外部经济的生产活动，带来正外部性。按照农业生产的农户私人边际收益等于农户私人边际成本（Private Marginal Cost，PMC）原则，即 PMB＝PMC，设施蔬菜农户会把产量定为 q_0，但按照农业绿色生产的社会边际收益等于社会边际成本（Social Marginal Cost，SMC）原则，即 SMB＝SMC，农户的产量应该定在 q_1，补贴给予农户扩大农业绿色生产的动力，此时绿色农产品价格 p_1 为产品价值和社会边际收益之和。当政府对农业绿色生产活动进行补贴时，会激励设施蔬菜农户进一步采取绿色生产行为，刺激农户扩大绿色农产品供给。

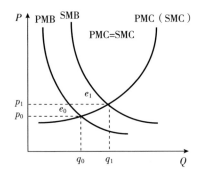

图 3-7　农业生产正外部性补贴模型

在设施蔬菜生产中，假设农户未采用绿色生产方式生产，以高投入、高污染为特征的常规农业生产方式威胁农业生产环境和农产品质量安全，具有负外部性。如图 3-8 所示，P 表示农产品价格，Q 表示农产品产量，PMC 表示农户私人边际成本，SMC 表示社会边际成本。当设施蔬菜农户未采用绿色生产方式进行农业生产时，如果没有惩罚，设施蔬菜种植农户按照农业生产的农户私人边际收益等于农户私人边际成本，即 PMB＝PMC 原则，将产量定为 q_0。当政府对农户不合理的生产方式造成的外部社会成本进行处罚时，非绿色农业生产产量降为 q_1，此时农产品价格等于产品价值和社会边际成本之和。政府对高投入、高耗能生产方式的惩罚可以约束设施蔬菜农户的生产方式。

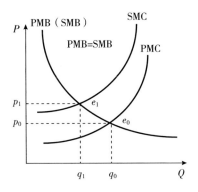

图 3-8　农业生产负外部性惩罚模型

3.4　研究框架

本章以农户行为理论和外部性理论为基础，构建了基于经济收益和政策激励的农户生产绿色转型的研究框架（见图 3-9）。政府通过相应的政策约束和政策激励对非绿色生产方式进行惩罚，对绿色生产方式进行补贴引导农户生产绿色转型，同时"优质优价"的市场环境从增加农户绿色生产经济收益的角度进一步促进了农户生产方式的转变。基于经济收益和政策激励的农户生产绿色转型的研

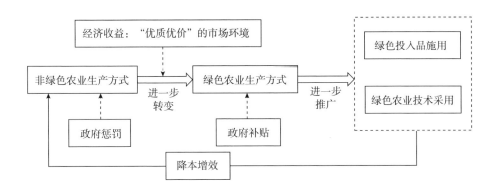

图 3-9　农户生产绿色转型研究框架

究框架，进一步研究了农户生产绿色转型的影响机制、绿色投入品和绿色农业技术的应用。绿色投入品和绿色农业技术的推广在改善农业生产环境的同时，能够实现农业生产降本增效，是促进农户生产绿色转型的关键。

3.5 本章小结

农户作为农业生产的基本主体，其生产行为直接影响我国农业生产绿色转型。首先，农户生产绿色转型需要具备行为主体和行为过程。设施蔬菜生产属于劳动密集型产业，以小农户生产为主。农户生产绿色转型行为过程有 Klonglan 和 Cowad 行为过程、Spence 行为过程和 Rogers 行为过程，强调农户对新技术、新产品的认知、信任以及效果评价的作用。这一结果对本章构建理论框架具有重要启发：农户生产理念的转变是促进农户生产绿色转型的前提，农户生产绿色转型中绿色投入品、绿色农业技术在改善农业生产环境的基础上，能够实现降本增收，这是促进农户转变生产方式的关键。其次，农户行为理论下，农户追求利润最大化，在农业生产中具有经济人、有限理性、风险规避等特征，农户生产绿色转型需要政府政策引导、经济收益激励共同推动。再次，对农户生产绿色转型的经济条件和政策激励机理进行了分析。将环境约束纳入农户效用函数，发现当农户采纳绿色农业技术边际收益等于边际成本时，绿色农业技术采纳水平达到最优；在信息不对称的条件下，农户与市场之间的博弈，容易导致农业绿色生产方式的缺失，农户生产绿色转型离不开政策激励和政策约束。最后，在农户生产绿色转型经济与政策机理研究的基础上，构建了基于政策激励和经济收益的农户生产绿色转型研究框架，只有利用政策约束和政策激励对农户生产行为进行一定的干预，同时通过逐步构建相对透明能够实现"优质优价"的农产品市场，才能真正促进农户生产绿色转型。

第4章 设施蔬菜生产投入要素
演变趋势和现实特征分析

设施蔬菜生产具有高投入、高耗能特征，通过对化肥、农药、农膜等常规农业投入要素施用量和施用强度的总结分析以及绿色农业投入要素（如有机肥、生物菌肥、生物农药等绿色投入品以及测土配方施肥技术、病虫害防控技术等绿色农业技术）的应用情况的总结分析，有助于深刻理解我国设施蔬菜生产绿色转型的必要性。

4.1 常规农业投入要素演变趋势

农业生产中用到的化学投入品包括化肥、农药、地膜、植物生长调节剂、除草剂等，化肥、农药、地膜是设施蔬菜生产中用量最大的化学投入品。关于设施蔬菜生产中化肥、农药、地膜具体施用量的数据来源有限，本章利用统计数据将我国和山东省的化肥、农药、地膜用量进行对比分析，以反映我国农业生产绿色转型现状。

为改善农业生产环境，缓解农业面源污染，维护农产品安全，我国农业部门提出了有效控制农业生产用水总量，减少化肥、农药施用量，处理好畜禽污染、秸秆焚烧、地膜回收问题的"一控两减三基本"目标。设施蔬菜生产具有高投入、高耗能特征，推广有机肥、生物菌肥等环境友好型肥料，推广水肥一体化技术、测土配方施肥技术，提高肥料利用效率，是减少设施蔬菜生产污染的重要途径。推广生物防控技术，有效处理蔬菜秸秆和废弃物，有利于设施蔬菜质量安全，避免农业生产环境污染（王晓巍等，2018）。宏观层面上，单位面积化肥和农药施用量可以反映我国农业生产绿色转型现状。如果化肥和农药施用强度下降，则表示我国农业生产绿色转型进展良好，反之，则需进一步推进农业生产绿色转型。

关于本章的研究数据，由于与农药有关的数据《中国统计年鉴》只更新到2015年，所以笔者选取了1996～2015年20年的数据进行分析。由表4-1可知，1996年，我国化肥施用量为3827.90万吨，而到了2015年，化肥施用量增加至6022.60万吨，20年间增长了57.33%。随着化肥施用总量的增长，化肥施用强度也不断增长。1996年，按农作物播种面积来算，每公顷化肥施用量为251.21千克，2015年则增长到了361.99千克，20年间增长了44.10%。值得注意的是，我国化肥施用强度在2015年首次出现下降（见图4-1）。与世界其他国家相比，我国的化肥施用强度远远超过了发达国家设置的225千克/公顷的上限，化肥施用过量，阻碍了我国农业生产绿色转型。

表4-1　1996～2015年我国化肥和农药施用量与施用强度

年份	化肥施用量 （万吨）	化肥施用强度 （千克/公顷）	农药施用量 （万吨）	农药施用强度 （千克/公顷）
1996	3827.90	251.21	114.08	7.49
1997	3980.70	258.54	119.55	7.76
1998	4084.00	262.29	123.17	7.91
1999	4124.30	263.75	132.16	8.45
2000	4146.00	265.26	127.95	8.19
2001	4253.76	273.19	127.48	8.19
2002	4339.39	280.62	131.13	8.48
2003	4411.60	289.45	132.52	8.69
2004	4636.60	301.96	138.60	9.03
2005	4766.00	306.52	145.99	9.39

续表

年份	化肥施用量 （万吨）	化肥施用强度 （千克/公顷）	农药施用量 （万吨）	农药施用强度 （千克/公顷）
2006	4928.00	323.89	153.71	10.10
2007	5108.00	332.85	162.28	10.57
2008	5239.00	335.26	167.23	10.70
2009	5404.40	340.73	170.90	10.77
2010	5561.68	346.15	175.82	10.94
2011	5704.24	351.50	178.70	11.01
2012	5838.85	357.30	180.61	11.05
2013	5911.86	359.11	180.19	10.95
2014	5995.94	362.41	180.69	10.93
2015	6022.60	361.99	178.30	10.72

数据来源：根据《中国统计年鉴》和《中国农村统计年鉴》数据整理得到。

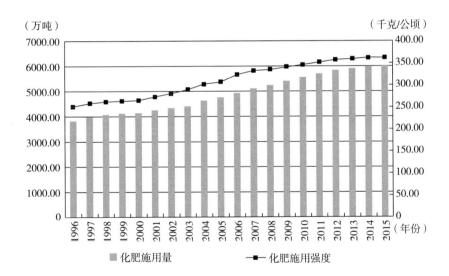

图 4-1　1996~2015 年全国化肥施用量和施用强度

1996 年，我国农药施用量为 114.08 万吨，而到了 2015 年，农药施用量增加至 178.30 万吨，20 年间增长了 56.29%（见表 4-1）。随着农药施用总量的增长，农药施用强度也不断增长，1996 年，按农作物播种面积来算，每公顷农药施用量为 7.49 千克，2015 年则增长到了 10.72 千克，20 年间增长了 43.12%。从 2013 年开始，我国农药施用强度开始出现下降趋势（见图 4-2），说明我国"农药零增长"计划已经成效初显，但仍与国际标准 7.5 千克/公顷差距较大。

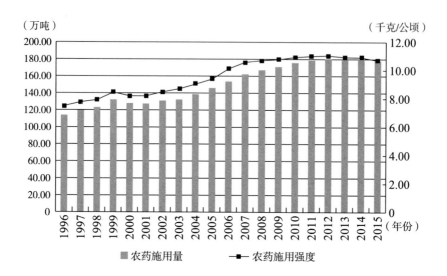

图 4-2 1996~2015 年全国农药施用量和施用强度

表 4-2 1996~2015 年山东省化肥和农药施用量与施用强度

年份	化肥施用量 （万吨）	化肥施用强度 （千克/公顷）	农药施用量 （万吨）	农药施用强度 （千克/公顷）
1996	373.30	340.11	12.40	11.30
1997	386.70	352.09	13.76	12.53
1998	406.54	365.00	13.48	12.10
1999	419.28	373.14	19.88	17.69
2000	423.19	379.63	14.03	12.59
2001	428.62	380.45	14.50	12.87
2002	433.92	392.76	16.37	14.82
2003	432.65	397.46	17.09	15.70
2004	450.96	423.89	15.39	14.47
2005	467.63	435.57	15.56	14.49

年份	化肥施用量 （万吨）	化肥施用强度 （千克/公顷）	农药施用量 （万吨）	农药施用强度 （千克/公顷）
2006	489.82	455.47	17.13	15.93
2007	500.34	466.54	16.57	15.45
2008	476.33	442.52	17.35	16.12
2009	472.86	438.71	16.90	15.68
2010	475.32	439.37	16.49	15.24
2011	473.64	435.91	16.48	15.17
2012	476.26	438.26	16.20	14.91
2013	472.66	430.61	15.84	14.43
2014	468.08	424.07	15.64	14.17
2015	463.50	420.35	15.10	13.69

数据来源：根据《中国统计年鉴》和《山东统计年鉴》数据整理得到。

由表 4-2 和图 4-3 可知，1996 年，山东省化肥施用量为 373.30 万吨，而到了 2015 年，化肥施用量增加至 463.50 万吨，20 年间增长了 24.16%。随着化肥施用总量的增长，山东省化肥施用强度也不断增长，1996 年，按农作物播种面积来算，山东省每公顷化肥施用量为 340.11 千克，2015 年则增长到了 420.35 千克，20 年间增长了 23.59%。山东省化肥施用量在 2007 年最高，达到 500.34 万吨，从 2008 年开始，化肥施用量开始下降。山东省化肥施用强度在 2007 年达到峰值，为 466.54 千克/公顷，从 2008 年开始，山东省化肥施用强度逐年下降。从 1996 年到 2015 年，山东省化肥施用强度始终高于全国水平。

由表 4-2 和图 4-4 可知，1996 年，山东省农药施用量为 12.40 万吨，而到了 2015 年，农药施用量增加至 15.10 万吨，20 年间增长了 21.77%。随着农药施用总量的增长，山东省农药施用强度也不断增长。1996 年，按农作物播种面积来算，每公顷农药施用量为 11.30 千克，2015 年则增长到了 13.69 千克，20 年间增长了 21.15%。1999 年山东省农药施用量和农药施用强度达到峰值，分别为 19.88 万吨、17.69 千克/公顷。1999 年以后，山东省农药施用量和农药施用强度波动中呈现整体下降趋势。从 1996 年到 2015 年，山东省农药施用强度始终高于全国水平。

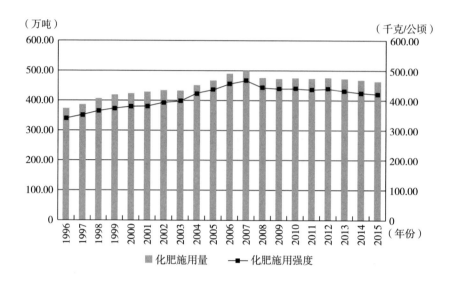

图 4-3　1996~2015 年山东化肥施用量和施用强度

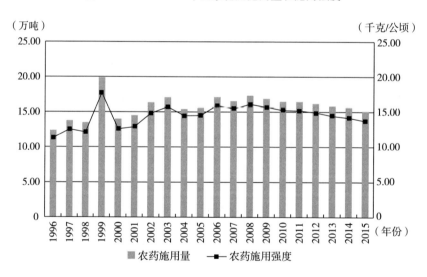

图 4-4　1996~2015 年山东农药施用量和施用强度

从图 4-5 和图 4-6 可以看出，近 20 年来，在农业生产中，山东省农业生产中农业化学品投入的变化趋势与全国整体一致，山东省的化肥施用强度和农药施用强度都高于全国的化肥施用强度和农药施用强度，且高于国际公认上限。山东省在农业生产中，以化肥和农药为代表的化学投入品施用过量，导致农业生态环境受到威胁，农产品品质受到影响，人类健康受到威胁，这些都严重影响了山东省设施蔬菜生产绿色转型。农用塑料薄膜在农业生产中起到提高地温、保持土壤湿度、促进农作物快速增长的作用。农用塑料薄膜作为一种农业投入品，由于回收环节的不经济性，增加了农业生产的碳排放。农业部以西北为试点区域，全面推广使用加厚地膜，并以多种方式回收利用农膜，如以旧换新、经营主体上交、专业化组织回收、加工企业回收等机制，试点农膜回收利用"谁生产、谁回收"的生产者责任机制，探索农膜处理机制。

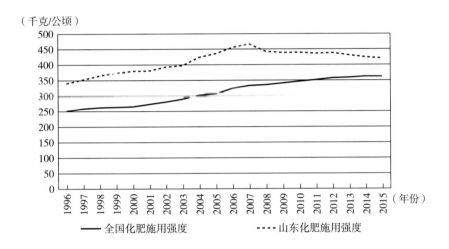

图 4-5　1996~2015 年山东与全国化肥施用强度对比

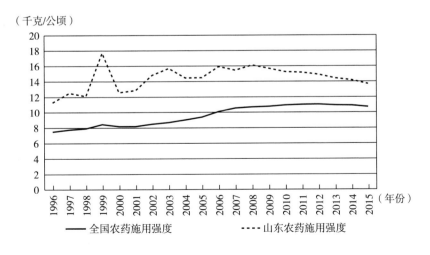

图 4-6　1996~2015 年山东与全国农药施用强度对比

我国农业绿色生产研究

由表4-3和图4-7可知，1996年，我国农用塑料薄膜施用量为105.62万吨，而到了2015年，农用塑料薄膜施用量增加至260.36万吨，20年间增长了146.51%。我国农用塑料薄膜使用强度也在不断增长，1996年，按农作物播种面积来算，每公顷化肥施用量为6.86千克，2015年则增长到了17.35千克，20年间增长了152.92%。我国农用塑料薄膜施用量从1996年到2015年一直保持上升趋势。2014~2015年，我国农用塑料薄膜施用强度比较平稳。

表4-3 1996~2015年农用塑料薄膜施用量和施用强度

年份	全国农用塑料薄膜施用量（万吨）	全国农用塑料薄膜施用强度（千克/公顷）	山东农用塑料薄膜施用量（万吨）	山东农用塑料薄膜施用强度（千克/公顷）
1996	105.62	6.86	15.83	14.43
1997	116.15	7.62	18.58	16.92
1998	120.69	8.05	18.72	16.81
1999	125.87	8.49	20.72	18.44
2000	133.54	9.04	22.51	20.19
2001	144.93	9.73	25.77	22.87
2002	153.08	10.23	29.22	26.45
2003	159.17	10.73	30.57	28.08
2004	168.00	11.46	32.72	30.75
2005	176.23	12.16	33.16	30.89
2006	184.55	12.73	34.35	31.94
2007	193.75	13.44	34.12	31.81
2008	200.69	13.97	32.13	29.84
2009	207.97	14.42	31.38	29.12
2010	217.30	15.09	32.30	29.85
2011	229.45	15.85	31.83	29.30
2012	238.30	16.42	31.81	29.27
2013	249.32	17.03	31.87	29.04
2014	258.02	17.38	30.52	27.65
2015	260.36	17.35	30.16	27.35

数据来源：根据《中国统计年鉴》和《山东统计年鉴》数据整理得到。

· 52 ·

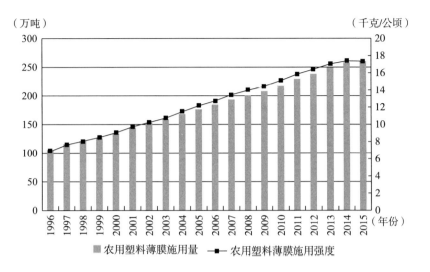

图 4-7 1996~2015 年全国农用塑料薄膜施用量和施用强度

与全国农用塑料薄膜施用量的直线上升趋势相比,1996~2015 年山东省农用塑料薄膜施用量整体呈现先增后减趋势。2006 年,山东省农用塑料薄膜施用量和施用强度达到最大,分别为 34.35 千克、31.94 千克/公顷。1996 年,山东省农用塑料薄膜施用量为 15.83 万吨,而到了 2015 年,山东省农用塑料薄膜施用量增加至 30.16 万吨,20 年间增长了 90.52%。山东省农用塑料薄膜施用强度也在不断增长,1996 年,按农作物播种面积来算,每公顷农用塑料薄膜施用量为 14.43 千克,2015 年则增长到了 27.35 千克,20 年间增长了89.54%。从 1996 年到 2015 年,山东省农用塑料薄膜施用强度始终高于全国水平(见图 4-8)。

本章在整理化肥、农药、农膜施用量和施用强度的全国数据和山东省数据的基础上,对农业生产中常规农业投入要素使用情况进行了分析,发现我国农业生产化学投入品过量施用情况严重,危害农业生产环境,威胁农产品质量安全,以高投入、高耗能为特征的常规农业生产方式亟须转变。推广绿色农业投入品和绿色农业技术,减少化学农业投入品施用,是推动我国农业生产绿色转型的重要内容。

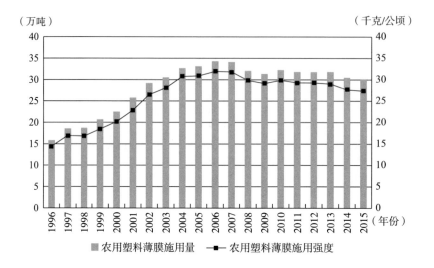

图 4-8　1996~2015 年山东农用塑料薄膜施用量和施用强度

4.2　绿色农业投入要素现实特征

农业生产绿色转型要求偏化学投入的常规农业生产方式向农业可持续发展方式转变。农业生产绿色转型内容涵盖了绿色农业投入品施用和绿色农业技术应用以及农业废弃物处理等方面，例如，设施蔬菜生产中，用环境友好型肥料（有机肥、生物菌肥等）替代一部分化肥投入、用生物农药替代一部分化学农药，应用测土配方施肥技术和病虫害防控技术，处理农业废弃物（包括有机废弃物和投入品包装物）等。根据对农业生产绿色转型的界定，本节主要介绍设施蔬菜生产中的绿色农业投入品施用现状、绿色农业技术采用现状和农业废弃物处理现状。

4.2.1　绿色农业投入品施用现状

农户进行设施蔬菜种植过程中使用的农业投入品包括蔬菜种苗、农药、肥料、植保机械等农用生产资料。基于节肥节药理念，本节关于设施蔬菜生产中传统的农业投入品主要包括传统意义上的化肥、农药，绿色农业投入品主要包括农家肥、有机肥、缓释肥、水溶肥、生物菌肥、生物农药等。传统农业投入品化肥和农药对设施蔬菜生产并不是有百害而无一利，关键在于控制用量。按照成分分类，化肥有氮肥、磷肥、钾肥、复合肥等，适量的化肥能够补充土壤养分含量，可以满足、补充、调节作物所需的养分，促进设施蔬菜的生长发育。农药分为杀虫剂、杀菌剂、除草剂、生长调节剂等多种类别，适量的农药能够帮助消灭害虫、调节作物生长发育、保证作物产量。

出于对产量和利润的追求，我国设施蔬菜的化肥农药一段时间内投入过量。设施蔬菜作为经济作物，收益高于粮食作物，农业生产者为追求收益易过量施用化肥。蔬菜化肥用量从 1998 年的 604.51 万吨增加到 2014 年的 1291.36 万吨，增加了 1.1 倍，其占农作物总化肥用量的比重由 13.38% 增加到 18.81%（侯萌瑶等，2017）。关于农药施用，研究表明，有 1/4 的菜农在施用农药时会超过说明书规定用量，市场收益类因素如蔬菜潜在产量和价格，是影响农户农药用量的主要因素（王常伟和顾海英，2013）。政府监督如蔬菜售前农残检测也可有效规范农户农药施用行为。

设施蔬菜种植中使用量较多的绿色农业投入品主要有生物菌肥和生物农药（见图 4-9）。山东青州、寿光两地常年种植设施蔬菜，棚内土壤板结，病害较多。为了蔬菜产业的长远发展，地方政府积极运用行政手段推广生物菌肥、生物农药。生物菌肥也叫微生物肥料，是对作物生长有益的微生物群落。确切来讲，生物菌肥是一种菌剂，是一类微生物群体，不是肥料。在农业应用方面，菌剂常常和草木灰、有机肥料等有机质含量较高的基质混合在一起，通过微生物的活动以及产生的代谢物增加土壤营养元素，改善作物营养条件，创造良好的土壤微生态环境，促进作物生长。生物农药主要指利用生物活体（如真菌、细菌、昆虫病毒、转基因生物、天敌等）或其代谢产物（如信息素、生长素、萘乙酸钠等）来杀害或抑制病虫害的天然病虫害绿色防控技术。生物农药对人畜安全、对生态环境影响小，害虫不易产生抗性，生物农药成为替代禁限用农药的优先选择（殷琛等，2018）。目前已获得国家批准应用的生物农药产品中，苏云金杆菌应用最为广泛（邱德文，2015）。我国从 2014 年开始大力推进低毒低残留农药示范补贴工作，山东省也积极响应国家号召，实施生物农药补贴，引导菜农使用生物农药，减少农业生态环境污染，保障农产品质量安全。

图 4-9 设施蔬菜生产中农业投入品分类

4.2.2 绿色农业技术采用现状

根据研究目的，我们更多按照生产过程分类维度对设施蔬菜生产中的绿色农业技术进行划分，本章重点介绍节肥型农业技术、节药型农业技术（见图 4-10）。

设施蔬菜生产中的绿色农业技术

节肥型农业技术，如测土配方施肥技术、水肥一体化技术、缓控释肥技术、化肥替代技术等

节药型农业技术，如科学施药技术、病虫害防控技术等

图 4-10 设施蔬菜生产中绿色农业技术分类

4.2.2.1 节肥型农业技术

（1）测土配方施肥技术。测土配方施肥技术是一项重要的科学施肥技术，能够根据土壤养分含量科学施肥，起到节约肥料、平衡土壤养分、提高肥料利用率，缓解农业面源污染的作用，在国外应用非常广泛。20 世纪 90 年代我国开始建立测土配方施肥技术体系，2004 年开始制定政策对该项技术进行补贴，2005 年农业部启动测土配方施肥项目，中央一号文件也多次强调测土配方施肥技术的重要性。测土配方施肥技术主要包括三个方面，即测土、配方和施肥。对土壤养分含量的科学检测是测土配方施肥的前提，根据土壤养分含量诊断，结合农作物

的营养需求，按照配方设计肥料养分组成。最后是按照测土结果合理施肥，这是测土配方技术的落脚点。测土配方施肥技术的测土、配方都可以做到科学精准，但如果农户不按照测土配方结果施用肥料，那测土配方施肥技术就不能起到化肥减量施用、化肥利用率提高的作用，这也是我国测土配方施肥技术推广的瓶颈（吴雪莲，2016）。农户只有建立科学施肥理念，按照配方合理施肥，测土配方施肥技术才能发挥作用。

（2）水肥一体化技术。水肥一体化技术，是指借助压力系统将配兑好的肥液均匀地输送给作物，是一种将灌溉和施肥融为一体的新技术。水肥一体化技术的优点是将传统的浇水与施肥结合在一起，大大提高了肥料利用率。传统的施肥，将肥料撒在土壤表面，溶解慢，影响肥效，另外铵态肥料容易挥发，而水肥一体化技术解决了这些问题。水肥一体化技术可以通过人为定量调控，科学地供给肥液，促进了农作物的水肥均衡。在环境方面，水肥一体化技术通过科学地供给肥液，减少了肥料过量施用情况，有助于缓解农业面源污染。

（3）缓控释肥技术。缓控释肥技术是利用缓控释肥的缓释、控释功能，提高肥料利用率，减少化肥施用量的技术。缓控释肥可以根据农作物的生长时期分阶段地控制养分释放，肥料利用率大大提升的同时，作物抗逆性、土壤的缓冲性也会增强。此外，缓控释肥可以一次性施肥且无须追肥，既满足了农作物整个生长过程对养分的需求，又大大减少了农业生产的人工投入，提高了劳动生产率。但缓控释肥技术对施用环境要求较高，缓控释肥的养分释放速率受田间环境的影响较大，在不同类型土壤上其释放特性差异很大。

（4）化肥替代技术。化肥作为农业生产中重要的农业投入品之一，能有效提高农作物单产，对保障国家粮食安全和重要农产品的有效供给起到了重要作用。然而，长期形成的粗放式生产方式以及以增产增收为核心的农业发展战略使得化肥过量施用现象普遍，农业面源污染日益严重。因此，大力发展化肥替代技术对我国农业生产绿色转型具有重要意义（刘成等，2018）。目前化肥替代技术主要有农家肥、沼肥等传统技术和商品有机肥、生物菌肥等现代技术。

根据调研实际情况，山东设施蔬菜种植户常年种植，土壤板结问题渐显。地方政府为改善土壤质量，通过集中招投标等措施，降低生物菌肥价格。为了蔬菜产业长远发展，农户积极尝试施用生物菌肥、水溶复合肥等新型肥料，提高肥料利用率，减少环境污染。

4.2.2.2　节药型农业技术

设施蔬菜种植周年生产、多年连作，同时冬春两季设施蔬菜棚内温度适宜，湿度较高，为病虫害的发生创造了条件。传统有机合成农药在农业应用上曾经效果显著，大大提高了农业生产效率。但是，对农药的过度依赖甚至滥用严重污染了农业生产环境，威胁农产品质量安全。节药型农业技术是指在不影响农业病虫害防治效果的前提下，通过各种方法减少化学农药用量的技术的总称，如提高农药的使用效率、加强药效等（邓旭霞和刘纯阳，2014）。设施蔬菜生产中运用的节药型农业技术主要包括科学施药技术和病虫害防控技术。

（1）科学施药技术。科学施药技术是指在科学选择农药的前提下，掌握科学的农药施用方法并准确把握农药用量（王斐和裴秀荣，2012）。科学选择农药要求农户选择低毒低残留的农药，以生物农药最佳。设施蔬菜生产中常用的施药方法有喷雾法、拌种法、浸种法、土壤处理法、毒饵法。熏蒸法也是设施蔬菜生产常用的施药方法，在密闭环境中用气化药剂或者有毒烟雾剂对病虫害进行熏杀。施用农药时，要参考当地植保部门的病虫害发生预报，还要注意，生物农药禁止与杀菌剂和酸性复配液混用，蔬菜用药一定要选择晴天早上露水晾干后或者下午（中午高温，由于害虫多怕光怕热而躲藏起来导致药效差，此外高温使得蔬菜叶片气孔张大，蔬菜容易受到农药危害，药液挥发也容易导致人体中毒；雨天药液容易被冲散或者稀释，大风容易造成药液飘散）。

（2）病虫害防控技术。病虫害防控技术是指针对蔬菜生长过程中出现的病害和虫害，从确保绿色生态农业、绿色食品安全、优质农业产品的角度出发，减少施用化学农药，优先采用生态调控、生物防治、物理防治等资源节约型、环境友好型技术来控制农作物病虫害的防控技术，主要包括物理防治技术和生物农药防治技术（马雪侠等，2015）。物理防治技术是指利用温度、湿度、颜色、声音、光谱等创造不利于病虫害发生但对农作物没有危害的环境，达到防治病虫害目的的方法。利用物理防治技术防治病虫害在设施蔬菜生产中较为普遍。例如，通过对大棚内土壤消毒处理，创造不利于病虫害发生的土壤环境，达到防治病虫害的目的，消毒处理方法有高温发酵消毒、热水消毒等方法。频振式杀虫灯、诱虫灯、防虫网、黑光灯等是设施蔬菜生长阶段常用的物理防治设备。生物农药防治技术通过利用生物农药中的生物活体及其代谢物质达到防治病虫害的目的。病虫害防控技术能够预防控制设施蔬菜生长过程中出现的病虫害，减少化学农药的使用，保证蔬菜质量安全，提高蔬菜品质（张智杰等，2012；王明友等，2015；张保良，2018）。

4.2.3　农业废弃物处理现状

农业废弃物处理也是农业生产绿色转型的重要内容之一。农业废弃物是指农业生产、农产品加工、畜禽养殖业和农村居民生活排放的废弃物的总称，设施蔬菜生产中的废弃物主要包括蔬菜废弃物、地膜、棚膜以及投入品包装物等（见图4-11）。蔬菜废弃物是指蔬菜从生产到消费的整个过程中被丢弃的废弃物，包括产品收获、贮存、运输、销售与加工处理等各个环节中丢弃的蔬菜的根、茎、叶、烂果等（秦洲渊等，2018）。蔬菜废弃物是设施蔬菜生产废弃物中重要的一部分，处理不当容易引起严重的环境污染。由于蔬菜废弃物含水量高，随意堆积在田间地头或者垃圾站容易滋生病虫害，其腐烂的污水会污染地表水和地下水，散发臭气污染大气，严重影响人们生活质量。从另外一个角度来看，蔬菜废弃物也许是放错地方的资源，通过对蔬菜废弃物的合理利用，能够变废为宝。蔬菜废弃物的处理方式有堆肥、喂养家禽家畜、还田、填埋等，最常用的处理方法为填埋处理。填埋处理操作简单，省事省工，但填埋处理不彻底，仍然会对土壤和地下水造成污染。

根据调研数据，山东寿光、青州两地的设施蔬菜农户关于农药包装物的处理方式，选择其他（如堆在地头、深埋、焚烧）的占61.54%，其余农户放到了回收点。农户对蔬菜废弃物的处理方式以堆肥、直接还田等方式为主。设施蔬菜温室大棚有拱棚和高温棚等形式，在拱棚和高温棚内部再覆盖一层地膜，因此棚膜、地膜用量很大。"十二五"期间，我国设施蔬菜生产面积稳步增加，我国设施蔬菜种植面积稳居世界第一。截至2015年，播种面积达到400万公顷以上，农用地膜污染受到普遍关注，但关于设施蔬菜生产中棚膜、地膜双重使用问题的关注不多（边淑贞等，2015）。目前对山东青州、寿光两地的调研结果显示，温室大棚覆膜对厚度和耐久都有要求，农户多选取质量好、可回收的塑料薄膜，以聚乙烯为主要原料，加入耐老化剂、无滴剂、保温剂等添加剂，适于生产的要求，透光性好，无毒。农用地膜通过加强保温保湿，提高了农业生产效益，但地膜使用带来的"白色污染"问题不容忽视。以设施蔬菜生产为例，设施蔬菜地膜覆盖面积大，用量多，留在土壤中的残膜会阻碍土壤中水、气、肥的流动，造成土壤板结，破坏耕作层。生物降解地膜是塑料地膜的最佳替代品，在自然环境中易被微生物作用而降解，最终被分解成水和二氧化碳，不会破坏土壤，但目前使用还不普遍。我国作为塑料农膜产量和使用量都居世界第一的农业大国，研究和推广生物降解地膜刻不容缓。

设施蔬菜生产中的农业废弃物 $\begin{cases} \text{有机废弃物，如秸秆、蔬菜废弃物等} \\ \\ \text{投入品包装物，如肥料包装物、农药包装物等} \\ \\ \text{设施蔬菜地膜、棚膜等} \end{cases}$

图 4-11　设施蔬菜生产中农业废弃物分类

农业快速发展的同时，农业有机废弃物（如秸秆、蔬菜废弃物等）和无机废弃物（农业投入品包装、棚膜、地膜等）也快速增加，然而却缺失处理农业废弃物的相关政策和制度，农业废弃物处理的公共服务供给如农业废弃物堆放装置、基础设施、后期服务等也非常缺乏。

在农业废弃物处理的阻碍方面，农户感知价值、农业废弃物处理基础设施建设、参与主体利益诉求等都需要进一步调整。农户对农业废弃物的感知价值对农业废弃物资源化利用起基础性作用，农户对农业废弃物资源化利用的价值是认同的，但其具体价值并未得到充分体现，农户受教育程度、年龄、生态环境质量满意度、环境情感积极性等因素对农业废弃物价值感知都具有影响（何可等，2014），人际信任、制度信任能够降低沟通难度和执行成本，显著促进农户废弃物资源化利用决策（何可等，2015）。农业废弃物回收基础设施建设是农业废弃物处理的前提，政府在对秸秆资源化利用补偿之前，提前在村庄周边建设秸秆回收机构或者秸秆回收装置能够有效促进农业废弃物处理（全世文和刘媛媛，2017）。农业废弃物循环利用参与主体之间的利益诉求差异阻碍了农业废弃物循环利用进程，农户与技术推广部门的技术效率、技术推广经费缺乏等具体原因制约了农业废弃物循环利用（李鹏等，2014）。

多中心治理理论通过协调各参与主体共同发挥作用，为提高农业废弃物处理效率提供了思路。多中心治理理论最早是由以奥斯特罗姆夫妇（Vincent Ostrom 和 Elinor Ostrom）为核心的一批研究者在研究发展中国家农村地区公共资源问题时提出的。多中心治理理论的基本点是改变政府对农村社会管理控制的现状，恰当地引入第三方治理机构，共同提供公共服务，提高服务效率，降低服务成本。多中心治理理论的核心内容是强调公共服务主体多元化和服务机制创新，认为公共服务主体不再是单一的政府部门，而是由政府部门、第三方服务机构和其他民间组织共同组成，通过建立合作伙伴关系、签约协商等方式平等地提供公共服务。多中心治理理论的目的是提供需求导向的高效的公共服务，同时降低政府成本。多中心治理理论下的第三方企业集中治理模式，综合政府引导、市场主导、企业经营的优势，在处理农业废弃物方面成效渐显。

4.3 山东设施蔬菜种植调研分析

山东省西南、西北部分地势平坦，中部山地分布较多、东部丘陵分布较多，呈现平原、山地、丘陵交错分布的地形。平原面积占山东省面积的 65.56%，丘陵面积占山东省面积的 15.39%，山地面积占山东省面积的 14.59%。山东省地处温带，气候属暖温带季风气候，光照资源充足，光照时数年均 2290~2890 小时，降水集中，雨热同季。总体来看，山东省热量条件可满足农作物一年两作的需要，不过降水季节分布不均衡，全年降水量有 60%~70% 集中于夏季，夏季易形成涝灾，冬、春及晚秋易发生干旱，对农业生产影响较大。

由于数据限制，未找到关于设施蔬菜的详细数据，本章采用山东蔬菜生产基本数据进行蔬菜生产现状分析。表 4-4 显示，2007 年，山东蔬菜总产量和蔬菜播种面积分别达到 8342.33 万吨、170.47 万公顷，分别占全国的 10.46% 和 9.84%。截至 2016 年，蔬菜总产量和蔬菜播种面积分别增长至 10327.05 万吨、186.93 万公顷，分别占全国的 18.29% 和 8.37%。近几年，山东省蔬菜产量和蔬菜播种面积保持稳定增长的趋势，占全国比例在 18% 和 8% 左右，具体数值维持在 1 亿吨、180 万公顷以上。总体来看,山东蔬菜产量的全国占比远远高于蔬菜播种面积的全国占比,说明山东蔬菜生产效率和贡献度高于全国平均水平,山东蔬菜产业具有竞争力。山东蔬菜单位面积产量高于全国平均水平,这和当地政府对蔬菜产业的管理支持、设施蔬菜高效的生产模式、较为领先的农业投入品和农业生产技术以及菜农多年积累的种植经验具有很大关系。总之,保障山东省蔬菜种植水平对于保障我国蔬菜供给、提高蔬菜种植水平具有十分重要的意义。

表 4-4　全国和山东蔬菜种植情况

年份	蔬菜产量（万吨）		比例（%）	蔬菜播种面积（万公顷）		比例（%）
	山东	全国		山东	全国	
2007	8342.33	79779.71	10.46	170.47	1732.86	9.84
2008	8634.97	78526.10	11.00	172.51	1787.59	9.65
2009	8937.20	76005.48	11.76	175.60	1838.98	9.55
2010	9030.75	73511.99	12.28	177.08	1899.99	9.32
2011	9180.93	70883.06	12.95	179.12	1963.92	9.12
2012	9386.01	67929.67	13.82	180.60	2035.26	8.87
2013	9658.20	65099.41	14.84	183.29	2089.94	8.77
2014	9973.70	61823.81	16.13	186.24	2140.48	8.70
2015	10272.87	59240.35	17.34	188.86	2199.97	8.58
2016	10327.05	56452.04	18.29	186.93	2232.83	8.37

数据来源:根据《中国统计年鉴》《山东统计年鉴》整理得到。

　　长期以来,山东省农业生产投入情况表现出高投入、高耗能的特征,化肥、农药总施用量以及化肥、农药单位播种面积用量较高。2015 年,山东省化肥施用量和农药施用量分别达到了 463.50 万吨和 15.10 万吨,就单位农作物播种面积施用量而言,2015 年两种农用物资施用量分别高达 420.35 千克/公顷和 13.69 千克/公顷。山东省化肥和农药施用强度远远超过了国际公认的化肥和农药施用安全上限(分别为 225 千克/公顷和 7.5 千克/公顷)。

　　从表 4-5 中可以看出,2015 年与 2010 年相比,山东省单位农作物播种面积化肥和农药用量均有所减少,但与 2000 年相比,总体仍然呈上升趋势。我国转变农业发展方式，推动农业生产绿色转型，真正实现农业高质量发展依然任重道远。

表 4-5　山东省农业生产投入情况

指标 ＼ 年份	2000	2005	2010	2012	2014	2015
农用化肥施用折纯量（万吨）	423.19	467.63	475.32	476.26	468.08	463.50
农药施用量（万吨）	14.03	15.56	16.49	16.20	15.64	15.10
农作物总播种面积（万公顷）	1114.73	1073.61	1081.82	1086.70	1103.79	1102.65
单位农作物播种面积化肥用量（千克/公顷）	379.63	435.57	439.37	438.26	424.07	420.35
单位农作物播种面积农药用量（千克/公顷）	12.59	14.49	15.24	14.91	14.17	13.69

数据来源：根据《中国统计年鉴》《山东统计年鉴》整理得到。

4.3.1　调查内容与样本基本情况

本章研究数据来自 2017 年中国农业科学院农业经济与发展研究所资源环境研究室对山东寿光、青州两县级市所做的农户实地调研，后面陆续选取部分农户进行了深度访谈，深入了解农户行为。设施蔬菜基地打破四季交替规律，多年连作种植，但深耕不便，菜农为追求产量和效益，使用大量农药、化肥，污染了土壤和水体，长期恶性循环导致土壤板结、病害较为严重，农产品产量和安全均得不到保证。山东省寿光市、青州市开展设施蔬菜种植较早，设施蔬菜种植面积较大，土壤问题不可回避，为了蔬菜产业的可持续发展，能够长期盈利，菜农具有一定的农业生产绿色转型意愿；菜农种植设施蔬菜不断引进各类新品种、新产品、新技术，实践经验始终站在农业最前沿，具有农业生产绿色转型能力。因此，选取山东省寿光市、青州市作为调研地点。此次调研共发放问卷 509 份，收回问卷 509 份，经核查，有效问卷共 507 份，问卷有效率达到 99.61%。

课题组选取了山东省寿光、青州两个县级市的孙家集街道、洛城街道、纪台镇和谭坊镇 4 个街道（镇）开展问卷调研，每个街道（镇）选取 8~10 个村，共选取 39 村开展问卷调查。调研地点选择了寿光、青州两个县级市，初衷是为了能够对设施蔬菜种植传统区域（寿光市）和设施蔬菜种植新兴区域（青州市）

的农户生产效率进行对比,探究两个区域生产效率的异同以及原因。青州市位于鲁中山区和鲁北平原的连接地带,地势西南高、东北低,谭坊镇位于青州市的东北,与寿光市相邻,地势平缓,设施蔬菜种植已成规模。青州市的谭坊镇和寿光市在地理位置上相邻,自然条件类似,均为暖温带半湿润季风气候,四季分明,冬季寒冷干燥,夏季炎热多雨。为避免样本选择上的偏差,影响研究结果的可信度,后面多次运用倾向得分匹配法对研究结果进行分析。在本章,对青州市和寿光市农户个人特征和家庭经营特征的数据均值和标准差进行对比分析,进一步避免不同地点农户特征不同引起的偏差。

表4-6对寿光和青州两个调研地点的农户个人特征进行了对比,发现受访农户的性别均值和标准差差别不大。寿光、青州受访农户年龄均值分别为49.58、47.84,标准差分别为10.05、11.59,两个地点受访农户年龄差别不大,符合调研实际情况。寿光、青州受访农户的学历集中在初中阶段,兼业的情况都不多。寿光、青州受访农户加入合作社情况差别也不大。家庭经营特征方面,寿光、青州受访农户种植年限均值都在18年以上,家庭成员均值分别为4.34、4.35,差别不大。从事农业生产人数差别不大,符合家庭生产特征。种植面积方面,青州种植面积均值比寿光要大,标准差也大 点。整体来说,寿光、青州两个调研地点受访农户个人特征和家庭经营特征类似,差别不大,由调研地点未均衡分布引起研究有偏的可能性较小。

表4-6 农户特征对比

调研地点		寿光		青州	
农户特征及取值		均值	标准差	均值	标准差
农户个人特征	性别:女=0,男=1	0.76	0.46	0.67	0.47
	年龄(周岁)	49.58	10.05	47.84	11.59
	受教育程度:未上过学=1,小学=2,初中=3,高中或中专=4,大学及以上=5	2.91	0.65	3.01	0.73
	是否兼业(否=0,是=1)	0.07	0.27	0.11	0.31
	加入合作社(否=0,是=1)	0.15	0.37	0.07	0.26
	种植年限	18.82	8.45	18.89	8.69

调研地点		寿光		青州	
家庭经营 特征	家庭成员总数	4.34	1.39	4.35	1.37
	从事农业生产人数	2.43	2.80	2.62	2.25
	种植面积（亩）	4.10	2.58	7.08	3.62

本次调研采用结构化问卷法获取原始数据。调研人员由大学本科学生、硕士研究生、博士研究生组成。问卷填写具体方式：调研人员面对面地对设施蔬菜农户进行实时实地访谈。首先设计问卷，进行预调研，根据预调研情况修改问卷，实施正式调研。正式调研问卷填写步骤如下：首先，调研人员结合当地设施蔬菜生产情况客观地向农户解释农业生产绿色转型的具体含义和主要形式；其次，当场进行问卷询问填写；最后，在问卷录入以及数据提取时遇到不合理数据，及时电话联系农户，进行数据修正或者数据解释。

调研主要围绕以下六个部分展开：

（1）受访农户基本情况。主要包括受访农户个人及家庭基本情况（年龄、性别、受教育程度、家庭总人口、农业劳动力人数、设施蔬菜种植年限、兼业情况、是否为村干部、是否加入合作社、所在村与所属乡镇和县城的距离），家庭经营规模和收支情况（设施蔬菜种植规模、家庭年收入、家庭年支出、农业年收入、农业年支出等）。另外需要特别注意的是，调研地区设施蔬菜种植一般分为春秋两季，因此被调查者的具体种植情况分为两季填写。

（2）设施蔬菜生产成本收益调查。主要包括设施蔬菜种植投入情况，如种苗投入成本、化肥（包括传统肥料和新型绿色肥料）投入成本、农药投入成本（包括传统农药和以生物农药为代表的新型绿色农药的投入成本）、设施蔬菜每季种植用工情况以及雇工费用、其他服务费用（包括机械和畜力费用投入）。设施蔬菜种植产出，包括产量、出售量及出售均价、总售价等。值得注意的是，有些被调查的农户每年两季种植蔬菜种类不同，所以关于蔬菜的成本收益也是春季秋季分开填写。

（3）农户农业投入品施用行为。主要包括农户肥料和农药的施用方法（如施肥次数、施肥深度、基肥和追肥的施用方式、施肥目的、五年来施肥量的增减；配药地点、施药时间段、施药间隔期、药械清洗）和具体用量费用，水溶肥、缓控释肥、生物菌肥、生物农药所占比重、具体用量以及费用，农户减施化肥农药意愿以及行为，减施化肥农药的最大限度。

（4）农户绿色农业技术采用行为。主要包括农户对各项绿色农业技术的认知情况、采用意愿和行为以及放弃采用的原因、绿色农业技术的施用方法和掌握程度等。绿色农业技术包括测土配方施肥技术、田间指导技术等科学施肥技术，科学施药技术，物理防控技术，生物农药科学使用技术等。

（5）农户农业废弃物处理现状。主要包括农药包装物的处理方式（如废弃在地头、深埋、焚烧或是送到回收点）、蔬菜剩余物的处理方式、地膜的具体处理方式等。

（6）农户自我认知以及农户生产绿色转型的关键影响因素。农户自我认知主要包括环境认知、采用动机、政府信任、农业风险等。农户农业生产绿色转型的政府政策和农户经济收益方面的关键影响因素，如农户对绿色生产能否提高收入、绿色投入品成本、绿色农业技术成本、政府监管和政策激励（如农药残留检测、生物菌肥补贴等）等因素的感知评价。

在进行实证研究之前，首先对调研数据进行统计分析，以便了解受访农户基本情况（见表4-7）。受访农户中男性的比例稍高，占到65.88%。农户的年龄主要集中在40~60岁，所占比例达到66.47%，受访农户年龄差距较大，受访农户最年轻的只有20岁，最年长的有76岁。有意思的是，受访农户的文化程度呈现出对称的倒"U型"分布，农户学历以初中为主，所占比例达到65.09%；其次是小学学历和高中（中专）学历，分别占15.38%、14.60%；未上过学和大学及以上（大专及以上）的农户占比分别为2.76%、2.17%。农户设施蔬菜的种植年限大多在10~20年，比例为46.75%。71.01%的农户家中从事农业生产的人数为2人，说明设施蔬菜的种植多以家庭为主。农户每年的农业总收入多在6万~10万元，占到43.20%，总收入超过10万元的占到29.79%，总体来说，种植设施蔬菜效益不错。农户的设施蔬菜种植面积多在1~10亩，呈现较为均匀的分布，由于设施蔬菜种植是劳动密集型产业，因此，超大规模的种植不多见。总体来说，这些基本特征与当下农户的老龄化、受教育程度不高、中小规模生产、收入尚可的事实一致，样本具有一定代表性。

4.3.2 农户生产绿色转型困难剖析

根据农户行为理论对农户的假设，农户是在经济理性的前提下，根据"以最小成本达成最大效益"的原则进行生产绿色转型决策。农业生产追求增产增收带来了一系列农业污染和农产品质量安全问题，与现阶段我国农业追求质量效益的目标不符，农户生产绿色转型必要性凸显，但面临以下阻碍：

表 4-7 农户基本情况

变量	分组	农户数	占比（%）	变量	分组	农户数	占比（%）
性别	女	173	34.12	农业生产人数（人）	1	23	4.54
	男	334	65.88		2	360	71.01
年龄（岁）	（16, 30]	24	4.73		3	43	8.48
	（30, 40]	88	17.36		4	66	13.02
	（40, 50]	173	34.12		≥5	15	2.96
	（50, 60]	164	32.35	农业年收入（万元）	（-∞, 2]	16	3.16
	（60, 100]	58	11.44		（2, 6]	121	23.87
受教育水平	未上过学	14	2.76		（6, 10]	219	43.20
	小学	78	15.38		（10, 20]	132	26.04
	初中	330	65.09		（20, +∞]	19	3.75
	高中（中专）	74	14.60	种植面积（亩）	（0, 1]	19	3.75
	大学及以上（大专及以上）	11	2.17		（1, 3]	128	25.25
种植年限（年）	（0, 10]	120	23.67		（3, 6]	166	32.74
	（10, 20]	237	46.75		（6, 10]	146	28.80
	（20, +∞]	150	29.59		（10, +∞]	48	9.47

第一，农业生产绿色转型经济收益不确定。一方面，农业生产绿色转型要求化肥、农药减量施用，推广绿色农业投入品和应用绿色农业技术，这可能会导致农业生产成本（包括投入成本、人力成本等）的增加。另一方面，农户和消费者之间的信息不对称会导致以绿色生产方式生产出来的农产品市场价格与产品质量不匹配，"优质优价"远未实现。

第二，农业生产绿色转型的政策激励不足。目前我国缺乏长期系统性的农业生产绿色转型政策，限制了农业生产绿色转型的长远发展。目前政策补贴对产业化的规模农业生产有利，有关设施蔬菜绿色生产的政策激励表现为，地方政府对企业进行集中招标补贴降低成本，没有直接对农户的绿色生产方式进行补贴，农户对绿色生产补贴感知较低。

第三，农户对高投入、高耗能的常规农业生产方式形成依赖，绿色生产理念还未形成。设施蔬菜种植户为追求收益，对大量施用化肥、农药保证设施蔬菜产量的生产方式产生依赖，形成了以产量高低、是否节省劳力作为生产方式好坏的评价标准。同时，由于缺乏可复制、可推广的农业生产绿色转型模式和样板，农户对进一步推广农业绿色生产信心不足。

第四，绿色投入品和绿色农业技术应用效果有待提高。绿色农业投入品和绿色农业技术毫无疑问是具有环境正外部性的，但是农户作为经济人，农业生产活动不可避免地要考虑成本收益。进一步促进绿色农业投入品效果提升，绿色农业技术降本增收，是推广绿色农业投入品和绿色农业技术的关键。

4.4　本章小结

本章首先分析了常规农业投入要素的演变趋势，进一步分析了绿色农业投入要素的现实特征，总结了设施蔬菜生产中绿色农业投入品施用、绿色农业技术应用以及废弃物处理现状。其次，以山东设施蔬菜生产为例，对具体调研内容和样本情况进行了说明，剖析了农户生产绿色转型的困难，得出以下主要结论：

第一，1996~2015年我国化肥施用量和施用强度总体呈上升趋势，2014年以后，我国化肥施用量和施用强度逐渐趋于平稳，我国化肥施用强度在2015年首次出现下降，但我国的化肥施用强度远远超过了发达国家设置的225千克/公顷的上限。1996~2015年我国农药施用量和施用强度总体呈上升趋势，2013年以后，我国农药施用强度保持平稳，出现缓慢下降趋势，但仍与国际标准7.5千克/公顷差距较大。农膜使用方面，从1996年到2015年，山东省农用塑料薄膜使用强度始终高于全国水平。

第二，设施蔬菜生产中传统农业投入品主要包括传统意义上的化肥、农药，绿色农业投入品主要包括农家肥、有机肥、缓释肥、水溶肥、生物菌肥、生物农药等。出于对产量和利润的追求，设施蔬菜生产中化肥农药过量施用现象严重，威胁农业生产环境和农产品质量安全。

第三，绿色农业技术包含的内容广泛，种类众多。本章着重介绍了节肥型农业技术和节药型农业技术。节肥型农业技术主要包括测土配方施肥技术、水肥一体化技术、缓控释肥技术和化肥替代技术等；节药型农业技术主要包括科学施药技术、病虫害防控技术等。长期重视产量和效益的农业生产范式使得农户对节肥节药型绿色农业技术采纳困难，绿色农业技术的推广是一个长期过程，需要政府部门、农技推广人员、第二方技术支持机构和农户等参与者的积极配合。

第四，设施蔬菜生产中产生的主要废弃物包括投入品包装物（如农药包装物、肥料包装物等）、地膜、棚膜等，以及有机废弃物如蔬菜秸秆、蔬菜剩余物等。设施蔬菜农户对蔬菜剩余物的处理方式包括堆在地头、深埋、堆肥、直接还田等。由于农户对农业生产废弃物感知价值较低，政府与第三方治理机构合作是完善农业废弃物处理公共服务的重要途径。

第5章 农户农业生产绿色转型影响机制

在高投入、高耗能的农业生产方式导致土地肥力下降，农业面源污染严重，农产品质量安全受到威胁的背景下，农业生产理念和农业生产方式亟须转变。农户作为农业生产的重要参与主体，推动农户生产绿色转型，对于破解我国农业发展瓶颈，提高我国农业质量效益和竞争力，具有重要基础意义。农业生产绿色转型要求偏化学投入的常规农业生产方式向与资源承载、环境容量和生态阈值相匹配的可持续发展方式转变，内容涵盖了绿色农业投入品和绿色农业技术的应用以及农业废弃物处理等方面。例如，设施蔬菜生产中，减少化肥农药施用，改用有机肥、生物菌肥、低毒低残留农药、生物农药等环境友好型农业投入品，以及推广应用一系列绿色农业技术。设施蔬菜种植户在政策引导下，已经开始尝试绿色生产方式，但是生产理念和生产方式的转变是一个长期过程，如何继续推动农户生产绿色转型，进一步实行绿色生产模式，是一个有意义的研究课题。

5.1 研究假说与研究方法

5.1.1 研究假说

关于农户的农业生产绿色转型，总体来说，有两种不同的理论视角提供了有价值的见解。

一个理论视角是经济理论视角，由舒尔茨、波普金等人提出，认为农户在农业生产中是理性的"经济人"，在经济理性的指导下，所有的资源配置和生产要素投入决策目的都是追求利润最大化。"理性小农"假设农户所有行为都是在权衡农业生产成本、收益以及风险后作出的选择，精打细算是"理性小农"的特征，追求利益是其生产行为的出发点。"理性小农"的强逐利性又导致了其生产决策的有限理性，往往忽略对农业生态环境和农产品质量安全的关注。从经济理论视角的研究一般表明，经济收益、生产投入、政策补贴等与农户成本收入有关的因素会影响农户生产绿色转型。虞洪（2012）认为，政府是低碳农业的主要推动主体，但是合理的利益驱动机制才是促进低碳农业快速健康发展的关键。王常伟和顾海英（2013）研究认为，农户追逐市场效益在一定程度上刺激了过度施用农药行为。虽然农业生产绿色转型能够改善农业生态环境，但农户更注重农业生产绿色转型能否带来经济效益。朱长宁和王树进（2015）认为，政府的技术与资金扶持政策对农户的生态农业生产方式采用行为具有正向影响。

另一个理论视角是新制度理论视角，它认为农户采用不同的生产方式对外部环境产生的不同外部性需要政府通过相应的制度政策调节，而组织或个体受到制度环境约束，其行为和做法要服从合法性机制，要能被外界环境"广为接受"，而不管其行为和做法是否具有效率。陈卫平（2018）从新制度理论的视角研究了制度环境约束对农户生产绿色转型的影响，认为只有从整体上构建与农业生产绿色转型相契合的制度环境，变革生产和消费理念，农民绿色生产获得合法性支持，才能真正促进农户生产绿色转型。农户的农业生产决策具有有限理性特征，在注重"天人合一"的农耕文化受到蚕食、城镇化带来的劳动力稀缺、政府对生产和消费两端进行农资补贴等因素的影响下，我国农业生产方式陷入恶性循环，严重依赖化肥、农药投入。在此背景下，政府开始对农业生产方式进行合理干预，转变农业生产理念，改善农业生产资源配置。

农户的农业生产行为以追逐收益为出发点，但在追逐收益的生产过程中，政策和制度会对农户生产行为起到规范作用，有利于农业生产的可持续发展。经济效率和政府政策对农户的农业生产绿色转型都具有影响，经济效率无疑对农户积极参与农业生态转型具有推动作用，但也不可忽视由规范、文化、惯例构成的政策"合法性"这一非理性因素的影响，政府监管和政策激励使农户更易于建立绿色生产合法性，从而最终促进农户生产绿色转型。目前我国农业生产绿色转型面临的主要阻碍：一是农业生产绿色转型能否提高农户经济收益尚不确定，"优质优价"的市场环境还未形成，影响农户绿色生产积极性；二是农业生产绿色转型的政策激励不足，缺乏长期系统性的农业生产绿色转型政策，限制了农业生产绿色转型的长远发展。农户直接参与农业生产活动，农户农业生产绿色转型的意愿和行为对我国农业生产实现绿色转型具有重要影响（黄炜虹等，2017）。本章对设施蔬菜种植户农业生产绿色转型的影响机制进行深入研究，结合本章的理论基础和调研地实际生产情况，提出如下研究假说：第一，农户经济收益显著影响农户生产绿色转型。第二，政府政策显著影响农户生产绿色转型。

基于此，本章拟从经济收益和政府政策的角度，以农户的农业生产绿色转型意愿和行为作为研究对象，探索农户生产绿色转型的影响机制。首先，利用多元有序 Logistic 回归分析法分析了经济收益和政府政策对设施蔬菜种植户农业生产绿色转型的影响；其次，运用解释结构模型（Interpretative Structural Modeling, ISM）进一步解析了设施蔬菜种植户农业生产绿色转型行为的各影响因素之间的内在联系与层次结构，评估了各关键影响因素的相对重要性。

5.1.2　研究方法

5.1.2.1　多元有序 Logistic 模型

农户的农业生产绿色转型参与意愿和参与行为包括"非常不同意（非常不符合）""不同意（不符合）""一般"、"同意（符合）""非常同意（非常符合）"五种情况，这五种情况有一定的顺序，每位菜农会依据自身情况对此多元排序选择问题做出最优决策。本章选取多元有序 Logistic 模型对农户生产绿色转型意愿和行为的影响因素进行研究。本章建立的函数表达式为：

$$\ln\left[\frac{p(Y_i \leq n)}{1 - p(Y_i \leq n)}\right] = \alpha_n + \sum_{m=1}^{k} \beta_m x_m \tag{5.1}$$

式（5.1）中，n 表示满意或者符合的五个层级，Y_i 分别表示农户农业生产绿色转型意愿（$i=1$）和行为（$i=2$），x_m 表示农户农业生产绿色转型参与意愿和参与行为的第 m 个影响因素，β_m 代指回归系数，α_n 代指截距项。

5.1.2.2　解释结构模型

解释结构模型于 1973 年由美国沃菲尔德教授发明，其将人类的经验知识与计算机技术结合，用于分析复杂社会经济问题。其基本原理是通过构建一个多级递阶结构模型，对影响因素及其相互关系的信息进行处理，将错综复杂、相互影响的因素区分为不同层级的因素，确定各关键影响因素之间的关联关系（Anukul 等，1994；汪应洛，1998）。

本章根据前人学者已有的研究（孙世民等，2012；余威震等，2017；张明月等，2017；吴强等，2017），对 ISM 模型的分析步骤总结如下：

第一步，确定关键影响因素，然后根据人类知识经验判断各关键影响因素间的逻辑关系。关键影响因素根据多元有序 Logistic 模型回归结果确定，若农户生产绿色转型行为的关键影响因素有 k 个，则用 S_i（$i = 1, 2, \cdots, k$）表示农户生产绿色转型行为的关键影响因素。影响因素间的逻辑关系根据专家学者初步讨论确定的任意两因素间是否存在直接"相互影响"或"互为前提"的关系来确定。

第二步，根据专家学者对关键影响因素间是否存在直接相互影响关系，得到要素的逻辑关系图，进而根据逻辑关系图构建邻接矩阵 R 与可达矩阵 M。邻接矩阵 R 构建过程如下：

$$a_{ij} = \begin{cases} 1 & S_i \text{ 对 } S_j \text{ 有直接影响关系} \\ 0 & S_i \text{ 对 } S_j \text{ 无直接影响关系} \end{cases} \qquad i, j = 1, 2, \cdots, k \qquad (5.2)$$

可达矩阵可以通过邻接矩阵转换得到，反映因素之间的间接关系。转换方法借助式（5.3）：

$$M = (R+I)^{\lambda+1} = (R+I)^{\lambda} \neq (R+I)^{\lambda-1} \neq \cdots (R+I)^2 \neq (R+I) \qquad (5.3)$$

式（5.3）中，I 为单位矩阵，$2 \leq \lambda \leq k$，运用布尔运算法则进行矩阵幂运算。

第三步，确定各个关键影响因素的层级结构。将可达矩阵 M 分成可达集 $P(S_i)$ 和先行集 $T(S_i)$。具体方法为：将可达矩阵 M 中 S_i 行中所有矩阵元素为 1 的列所对应的因素集合，用 $P(S_i)$ 表示，$P(S_i) = \{S_j | M_{ij} = 1\}$；将可达矩阵 M 中 S_i 列中所有矩阵元素为 1 的行所对应的因素集合，用 $T(S_i)$ 表示，$T(S_i) = \{S_j | M_{ji} = 1\}$。$M_{ij}$、$M_{ji}$ 均是可达矩阵 M 的元素。可达集与先行集求出后，最高层 L_1 的因素可由式（5.4）求出：

$$L_1 = \{ S_j \,|\, P\,(S_i) \,\cap\, T\,(S_i)\,\} \tag{5.4}$$

从原可达矩阵 M 中删除因素所对应的行与列，得到新的可达矩阵 M。继而按照确定最高层因素的方法，对 M 重复上述操作，得到位于第二层 L_2 的因素。以此类推，得到各层因素。

第四步，构建解释结构模型，确定各影响因素间的层次关系。将各层影响因素用有向边连接起来，形成一条具有逻辑关系的影响因素链，最终得到各影响因素间的内在层次关系。

5.2 样本说明与变量设定

本章的研究数据来自 2017 年中国农业科学院农业经济与发展研究所资源环境研究室对山东省寿光、青州两县级市所做的农户实地调研。本章所用的数据主要来自调研问卷的第一部分（农户基本情况）和第六部分（农户农业生产绿色转型的关键影响因素）。调查问卷的设计主要围绕研究假说展开，主要包括农户对农业生产绿色转型成本和收入提高的感知，进一步扩大农业绿色生产的意愿和行为等，变量测量方法为李克特五级量表法，具体的变量设定和变量说明如下：

被解释变量，包括农户的农业生产绿色转型的意愿和行为，分别用进一步扩大绿色生产意愿、进一步实行绿色生产模式来衡量。采用李克特五级量表进行测量，非常不愿意（非常不符合）、不愿意（不符合）、一般、愿意（符合）、非常愿意（非常符合）分别采用 1、2、3、4、5 表示。

对解释变量选择的补充说明：第一，本章中解释变量的选择依据是农户行为理论和外部性理论、设施蔬菜生产情况以及本章研究假说，主要选取了农户经济收益、政府政策两个方面，具体影响农户绿色农业投入品施用和绿色农业技术采用的影响因素，如技术培训、农产品销售环境等因素会在后面章节详细探讨。第二，农户经济收益，包括农业年收入、收入提高预期、绿色农业技术成本、绿色投入品成本和农业废弃物处理成本。收入提高预期、绿色农业技术成本、绿色投入品成本和农业废弃物处理成本是农户根据生产经验对农业生产绿色转型是否会提高收入或者增加成本作出的主观评价。根据蛛网模型理论，上期的生产情况会对农户本期生产决策产生影响，因此选择农户上期收入作为变量，同时由于农户绿色生产参与程度不同，绿色投入品成本、绿色农业技术成本、农业废弃物处理成本的具体成本衡量误差较大，因此通过农户的主观评价方式进行变量内容设定。第三，绿色农业技术成本没有考虑测土配方施肥技术，因为目前测土配方施肥技术成本主要体现在政府一方，即政府承担推广测土配方施肥技术成本。本章主要基于农户视角进行研究，因此选择了农户对水肥一体化技术和病虫害防控技术成本的感知评价作为绿色农业技术成本这一变量的主要内容。

（1）经济收益选用农业年收入、收入提高预期（农业生产绿色转型能进一步提高总收入）、绿色农业投入品成本（环保型肥料和生物农药投入成本）、绿色农业技术成本（水肥一体化技术和病虫害防控技术成本）、农业废弃物处理成本（蔬菜废弃物和投入品包装物处理成本）五个变量衡量。①农业年收入。根据蛛网模型理论，农户上期生产情况会对下一期生产决策产生影响，农业年收入越高，农户进一步实行绿色生产模式、进行农业生产绿色转型的可能性就越大。②收入提高预期（农业生产绿色转型能进一步提高总收入）。农业生产绿色转型如果能够提升设施蔬菜品质，优化农业投入产出结构，提高农业生产收入，农户生产绿色转型行为就会越积极。农业生产绿色转型能提高收入，设施蔬菜生产绿色转型行为就越强烈，进行农业绿色生产的可能性就越大。③绿色农业投入品成本（环保型肥料和生物农药投入成本）。环保型肥料（如缓控释肥、生物菌肥等）和生物农药的投入成本越高，设施蔬菜农户施用环保型肥料和生物农药的可能性就越低，相应设施蔬菜农户农业生产绿色转型就越不积极。④绿色农业技术成本（水肥一体化技术和病虫害防控技术成本）。水肥一体化技术能够显著提高肥料利用率，但是对肥料质量有要求，相应肥料价格就高，同时可能需要购买水肥一体化设备。病虫害防控技术需要农户付出安装维护成本。如果设施蔬菜农户认为水肥一体化技术和病虫害防控技术成本高，那么采用水肥一体化技术和病虫害防控技术的可能性就小，农业生产绿色转型行为就不积极。⑤农业废弃物处理成本（蔬菜废弃物和投入品包装物处理成本）。设施蔬菜生产产生的主要废弃物包括以蔬菜废弃物、秸秆为代表的有机废弃物和以农药包装物、肥料包装物、农膜为代表的无机废弃物，如果农户认为废弃物处理成本高，就不愿意积极对农业废弃物进行处理。

（2）政府政策选用政府监管和政府补贴两个变量衡量。政府监管指农户对于农业绿色生产政府监管到位的认同程度，政府补贴指农户对农业绿色生产政策补贴完善的认可程度。①政府监管。设施蔬菜生产中政府监管主要体现在禁止农户使用高毒农药、推广病虫害防控技术等，保证农产品质量安全。农药残留检测时一旦检出违规使用高毒农药，就会采取相应处罚措施。政府监管对促进设施蔬菜种植户农业生产绿色转型具有积极作用。②政府补贴。政府补贴体现在地方政府对生物菌肥的补贴。政府补贴能够降低生物菌肥价格，诱导农户尝试施用环保型肥料，改善土壤质量，提高蔬菜品质，有益于农业生产绿色转型。政府补贴对促进设施蔬菜种植户农业生产绿色转型具有积极作用。

（3）其他控制变量。本章根据相关理论研究和实际调研情况，在解释变量中加入了生态认知、个人及家庭特征，这些变量可能对农业生产绿色转型的意愿和行为产生影响。

所有解释变量（除去农户个人及家庭特征、农业年收入）采用李克特五级量表进行测量，非常不愿意（非常不符合）、不愿意（不符合）、一般、愿意（符合）、非常愿意（非常符合）分别采用1、2、3、4、5表示（见表5-1）。

表5-1　变量含义与赋值

变量维度	变量及含义	赋值
意愿	农业生产绿色转型意愿： 进一步扩大绿色生产意愿（Y1）	非常不愿意＝1，不愿意＝2，一般＝3，愿意＝4，非常愿意＝5
行为	农业生产绿色转型行为： 进一步实行绿色生产模式（Y2）	非常不符合＝1，不符合＝2，一般＝3，符合＝4，非常符合＝5
经济收益	农业年收入：当年实际农业总收入（inc）	毛收入/万元
	收入提高预期： 农业生产绿色转型能进一步提高总收入（X1）	非常不同意＝1，不同意＝2，一般＝3，同意＝4，非常同意＝5
	绿色农业投入品成本： 环保型肥料和生物农药投入成本高（X2）	非常不同意＝1，不同意＝2，一般＝3，同意＝4，非常同意＝5
	绿色农业技术成本： 水肥一体化和病虫害防控技术成本高（X3）	非常不同意＝1，不同意＝2，一般＝3，同意＝4，非常同意＝5
	农业废弃物处理成本： 蔬菜废弃物和投入品包装处理成本高（X4）	非常不同意＝1，不同意＝2，一般＝3，同意＝4，非常同意＝5

续表

变量维度	变量及含义	赋值
政府政策	政府对农业绿色生产监管到位（G1）	非常不符合＝1，不符合＝2，一般＝3，符合＝4，非常符合＝5
	政府对农业绿色生产补贴完善（G2）	非常不符合＝1，不符合＝2，一般＝3，符合＝4，非常符合＝5
生态认知	农药化肥污染环境（envi）	非常不同意＝1，不同意＝2，一般＝3，同意＝4，非常同意＝5
个人及家庭特征	年龄（age）	实际年龄/岁
	受教育水平（edu）	未上过学＝1，小学＝2，初中＝3，高中或中专＝4，大学及以上＝5
	耕地面积（acr）	实际面积/亩

5.3　实证结果分析

5.3.1　影响因素总体分析

本章的被解释变量为农户农业生产绿色转型意愿和农户农业生产绿色转型行为，解释变量为经济收益、政府政策和其他控制变量（见表5-2）。

（1）经济收益。在意愿层面，农业生产绿色转型能进一步提高总收入，这对农户农业生产绿色转型参与意愿具有积极影响。可以认为，农户认为进一步扩大农业绿色生产提高总收入的可能性越大，农户农业生产绿色转型的意愿就越强烈。在行为层面，农业年收入对农户生产绿色转型具有1%显著性水平的正向影响，绿色农业技术成本和农业废弃物处理成本对农户农业生产绿色转型参与行为具有1%显著性水平的负向影响。可以认为，农业年收入对农户生产绿色转型具有积极影响；水肥一体化技术成本和病虫害防控技术成本、农业废弃物处理成本越高，农户农业生产绿色转型的行为就越消极。进一步扩大农业绿色生产能提高收入是影响农户农业生产绿色转型意愿的关键动机，但涉及行为层面，农户会谨慎地根据上期农业年收入和农业生产绿色转型成本考虑，规避生产风险。然而，包括环保型肥料和生物农药在内的绿色农业投入品的成本对农户意愿和行为影响均不显著，换言之，农户对环保型肥料和生物农药的投入成本不敏感，可能的原因是，农户在生产过程中已经感受到了环保型肥料和生物农药在改善土壤质量、提高蔬菜产量和增加经济收益等方面的积极作用，愿意承担环保型肥料和生物农药的成本。值得探讨的是，农业生产绿色转型能提高收入作为主观感知显著影响农户意愿，而农业年收入显著影响农户行为，再次验证了蛛网模型理论：上期农业生产情况对下一期农户生产行为产生影响，如果上期农业收入高，农户尝试绿色转型的可能性和力度会大一些。

（2）政府政策。在行为层面，政府监管和政府补贴对农户农业生产绿色转型行为具有1%显著性水平的正向影响。根据对山东省寿光市、青州市的调研，政府对农业绿色生产的监管主要包括：定期对蔬菜进行质量安全监测（如农药残留检测等）、检查设施大棚中是否采用杀虫灯或防虫板等绿色防控技术，并对不符合绿色生产的农户采取一定的惩罚措施；政府补贴主要指当地政府推行"沃土工程"，通过公开招标筛选肥料企业，通过规模效应降低环保型肥料价格。政府监管在客观层面对农户农业生产绿色转型行为具有显著的促进作用；政府补贴降低了环保型肥料的使用成本，提高了农户使用环保型投入品的积极性，对农户农业生产绿色转型行为具有促进作用。在意愿层面，政府监管和政府补贴对农户农业生产绿色转型意愿影响不显著。从政府监管的内容来看，政府监管更多是对农户进行强制要求和监督，因此很难影响农户意愿。由于政府补贴并未针对农户进行直接补贴，因此大多数农户对设施蔬菜生产绿色补贴反应不敏感。

（3）其他控制变量。①生态认知。农药化肥污染环境认知对农户农业生产绿色转型意愿具有负向影响，对农户农业生产绿色转型行为影响不显著。这可能是由于农户进行设施蔬菜生产时，依然高度依赖化肥农药，虽然施用化肥农药越多的农户对其污染环境的认知越强，但同时对化肥农药的高产性和便利性感知也越深刻，因此对减施化肥农药的生产方式难以接受，从而降低了农业生产绿色转型意愿。正是因为农户对化肥农药的依赖，明明感知到过量施用化肥农药污染环境，却对农业生产绿色转型参与行为并没有显著影响。②个人及家庭特征。年龄正向影响农户农业生产绿色转型意愿，但对农户农业生产绿色转型行为无显著影响。年龄越大的农户，农业生产绿色转型意愿越强，这与以往研究结论不一致。可能由于多年从事农业生产，亲身经历农业生态环境的恶化，对农业生产绿色转型持积极支持态度，然而农户年龄偏大，接受新思想和新技术的能力有限，对农业生产绿色转型行为往往心有余而力不足。受教育水平对农户农业生产绿色转型行为具有正向影响，受教育水平越高，农户思想越开明，农业生产绿色转型行为概率越大。耕地面积对农户农业生产绿色转型意愿具有促进作用，但对农户农业生产绿色转型行为无显著影响。设施蔬菜种植规模大的农户，为了蔬菜产业的长远发展，农业生产绿色转型参与意愿较强，但是较大种植规模使得改变生产方式的成本较高，因此，耕地面积对农户农业生产绿色转型行为影响不显著。

表 5-2 农户农业生产绿色转型意愿和行为影响因素分析

变量维度	变量	农户意愿		农户行为	
		估计系数	P 值	估计系数	P 值
经济收益	农业年收入	−0.060	0.325	0.049***	0.004
	收入提高预期	0.573*	0.064	0.044	0.603
	绿色农业投入品成本	1.218	0.219	0.202	0.458
	绿色农业技术成本	−2.667	0.492	−0.951***	0.000
	农业废弃物处理成本	0.159	0.705	−0.897***	0.000
政府政策	政府监管	0.466	0.428	0.413***	0.007
	政府补贴	7.733	0.995	0.647***	0.001
生态认知	农药化肥污染环境认知	−0.676*	0.071	−0.072	0.301
个人及家庭特征	年龄	0.084**	0.015	−0.004	0.111
	受教育水平	0.631	0.266	0.238*	0.062
	耕地面积	0.280*	0.083	−0.002	0.935

注：***、**、*分别表示 1%、5%、10%的显著性水平。

5.3.2 关键因素层级结构分析

根据上述多元有序 Logistic 模型拟合结果，提取对农户农业生产绿色转型有显著影响的因素，影响农户农业生产绿色转型的因素用 S_i（$i=1$，2，…，k）表示，具体为：S_1 表示农业年收入；S_2 表示绿色农业技术成本；S_3 表示农业废弃物处理成本；S_4 表示政府监管；S_5 表示政府补贴；S_6 表示受教育水平。本章根据调研农户实际情况和经济学理论知识，结合研究室内部讨论意见和有关专家学者建议，对农户农业生产绿色转型行为有显著影响的 6 个因素之间的逻辑关系进行了归纳总结，如图 5-1 所示。其中，"V"表示行因素对列因素有直接或间接的影响，"0"表示行因素和列因素之间没有直接或间接的影响，"A"表示列因素对行因素有直接或间接的影响。

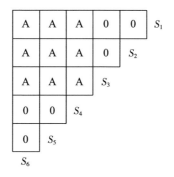

图 5-1 农户生产绿色转型影响因素间的逻辑关系

根据图 5-1 和式（5.2）建立邻接矩阵 R（略），运用 Matlab 软件对邻接矩阵进行运算，得到可达矩阵 M，根据式（5.3）对可达矩阵 M 进行运算，可以确定顶层要素集 $L_1 = \{S_1，S_2，S_3\}$，底层要素集 $L_2 = \{S_4，S_5，S_6\}$。根据顶层要素集 L_1 和底层要素集 L_2，将可达矩阵 M 的行与列重新排列得到骨干矩阵 N，见式（5.6）。

$$M = \begin{array}{c} S_1 \\ S_2 \\ S_3 \\ S_4 \\ S_5 \\ S_6 \end{array} \begin{bmatrix} 1 & 1 & 1 & 0 & 0 & 0 \\ 1 & 1 & 1 & 0 & 0 & 0 \\ 1 & 1 & 1 & 0 & 0 & 0 \\ 1 & 1 & 1 & 1 & 0 & 0 \\ 1 & 1 & 1 & 0 & 1 & 0 \\ 1 & 1 & 1 & 0 & 0 & 1 \end{bmatrix} \qquad (5.5)$$

$$N = \begin{array}{c} S_1 \\ S_2 \\ S_3 \\ S_4 \\ S_5 \\ S_6 \end{array} \left[\begin{array}{ccc|ccc} 1 & 1 & 1 & 0 & 0 & 0 \\ 1 & 1 & 1 & 0 & 0 & 0 \\ 1 & 1 & 1 & 0 & 0 & 0 \\ 1 & 1 & 1 & 1 & 0 & 0 \\ 1 & 1 & 1 & 0 & 1 & 0 \\ 1 & 1 & 1 & 0 & 0 & 1 \end{array} \right] \qquad (5.6)$$

根据式（5.6），6 个影响因素被分为两层，S_1、S_2、S_3 处于第一层，S_4、S_5、S_6 处于第二层。根据因素间的逻辑关系，将同一层次及相邻层次的元素用有向边连接起来，可以得到如图 5-2 所示的农户农业生产绿色转型影响因素间的关联结构层次。

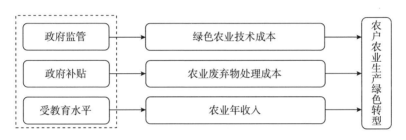

图 5-2　农户农业生产绿色转型关键因素层级结构分析

图 5-2 显示，农户农业生产绿色转型的发生机制是：深层因素影响表层因素，表层因素影响农户农业生产绿色转型。其中，绿色农业技术成本（水肥一体化技术成本和病虫害防控技术成本）、农业废弃物处理成本（蔬菜废弃物处理成本和投入品包装物处理成本）、农业年收入是表层直接因素；政府监管、政府补贴、受教育水平是深层根源因素。具体而言，农户农业生产绿色转型的发生机制表现为以下路径：政府监管、政府补贴、受教育水平→绿色农业技术成本、农业废弃物处理成本、农业年收入→农户农业生产绿色转型行为。

在该路径中，首先，政府监督、政府补贴、受教育水平作为深层根源因素影响了绿色农业技术成本、农业废弃物处理成本、农业年收入。例如，农户会根据政府监督和政府补贴的有无或者程度决定自己采用绿色农业生产技术（如水肥一体化技术和病虫害防控技术）的多少以及是否对农业废弃物进行合理处理，进而影响农业年收入；又如，农户受教育水平的不同会导致农户对新技术、新知识的感知能力和接受能力不同，进而影响农户对农业生产绿色转型带来的经济收益的衡量。其次，绿色农业技术成本、农业废弃物处理成本、农业年收入作为直接驱动因素，对农户农业生产绿色转型行为产生直接影响。例如，绿色农业技术成本（如水肥一体化技术成本、病虫害防控技术成本）、农业废弃物处理成本会阻碍农户农业生产绿色转型；又如，农业年收入较高的农户在生产过程中会积极尝试使用绿色投入品，积极改善农业生产环境，促进蔬菜种植产业的长期可持续发展。

5.4 本章小结

本章基于对山东省青州、寿光两地设施菜农的实地调研数据，结合多元有序Logistic 模型和解释结构模型（ISM），通过分析影响农户农业生产绿色转型意愿和行为的经济收益变量和政府政策变量，研究了农户生产绿色转型的影响机制，并探讨了农户生产绿色转型关键影响因素间的内在联系和层级结构。本章的主要结论如下：

第一，农户经济收益显著影响农户生产绿色转型意愿和行为。收入提高预期对提升其农业生产绿色转型意愿起到重要作用；农业年收入对促进农户农业生产绿色转型行为具有显著促进作用，绿色农业技术成本和农业废弃物处理成本对农户农业生产绿色转型行为具有显著的阻碍作用。设施蔬菜种植户作为农业生产经营主体，在做出农业生产相应决策时，首先会从成本收益的角度对决策进行评价，谨慎地考虑生产方式转变带来的相应成本、收入的变动，以规避风险。

第二，政府政策包括政府监管和政府补贴都对农户生产绿色转型行为起到显著的靶向指导作用，但对农户生产绿色转型意愿影响不显著。政府到位的绿色生产监管和完善的绿色生产补贴，会对农户的绿色生产行为起到支持作用，政府政策有助于创新性农户进行农业绿色生产转型。政府的宣传倡导能够引导农户建立农业生态价值观，增进农户对农业绿色生产的认可与接受程度，帮助农户感受到农业绿色生产的合理性与恰当性。

第三，在影响农户农业生产绿色转型关键因素中，绿色农业技术成本、农业废弃物处理成本、农业年收入是表层因素；政府监管、政府补贴、受教育水平是深层因素。政府监督、政府补贴、受教育水平作为深层根源因素影响了绿色农业技术成本、农业废弃物处理成本和农业年收入。绿色农业技术成本、农业废弃物处理成本和农业年收入作为直接驱动因素，对农户生产绿色转型产生直接影响。

第6章　农户绿色投入品施用行为分析

在第 5 章农户农业生产绿色转型影响机制的研究基础上，本章从设施蔬菜种植户绿色投入品施用角度对农户绿色生产行为进一步具体研究。农业投入品是指农户在进行农业生产时使用或添加的物质，是农业生产的基础和保障。农户在设施蔬菜种植过程中使用的农业投入品包括蔬菜种苗、肥料、农药、植保机械等农用生产资料，其中蔬菜种苗、肥料、农药是设施蔬菜种植不可或缺的农业投入品。设施蔬菜作为经济作物，与粮食作物相比，利润较高，农户为追求经济效益容易过量施用肥料、农药，不仅会增加农户生产成本，而且透支资源环境，例如，导致土壤板结、农业面源污染等，同时使得物种多样性和生态稳定性也面临严峻挑战。以化肥为例，目前我国化肥施用量总体偏多，特别是蔬菜化肥用量更多，蔬菜亩均化肥用量比日本多 12.8 千克、比美国多 29.7 千克、比欧盟多 31.4 千克①，设施蔬菜常年种植、休耕时间很短，而且设施蔬菜用地无法深耕，土壤地力消耗过大。

绿色农业投入品可以在帮助农户稳定经济效益的同时，降低化肥农药对农业环境的污染，地方政府同样注意到常规农业生产方式不可持续，积极推广绿色投入品施用。地方政府通过企业集中招标推广生物菌肥等环境友好型肥料，同时加强农药残留检测力度推广环境友好型农药，以减少农业生产污染，保证农产品质量安全，提高农产品品质。设施蔬菜农户使用的绿色农业投入品主要包括环境友好型肥料（如水溶肥、缓释肥、有机肥、生物菌肥等）和环境友好型农药（如

---

① 数据来源于 2017 年农业部关于印发《开展果菜茶有机肥替代化肥行动方案》的通知。

生物农药等)。目前绿色投入品的施用还处于尝试阶段,如果进一步推动绿色投入品施用,扩大绿色生产,实现农业生产绿色转型,是值得研究的课题。基于此,本章以生物菌肥和生物农药作为绿色农业投入品代表,对农户绿色农业投入品施用行为进行研究。

6.1　调研农户化肥农药施用情况分析

研究数据主要来自对山东省寿光、青州两个县级市设施蔬菜农户的实地调查,本章的数据主要来自调查问卷的第一部分(农户基本信息)和第三部分(农户农业投入品施用行为)。内容为农户化肥施用具体情况,包括农户确定施肥量方法、施肥深度、施肥目的、对化肥品牌和利用率的了解,以及化肥施用量增减情况等。通过对农户化肥施用具体情况进行分析,可以了解农户施用化肥方式和目的等,同时可以了解农户减施化肥农药意愿,更好地理解农户购买施用生物菌肥行为。

通过表 6-1 可以看出,有超过一半(57.40%)的农户确定施肥量的方法依然是依据多年的施肥习惯,按说明书配比和根据土壤状况进行调整确定施肥量的农户分别占到大约 20%,还有不到 1% 的农户确定施肥量时会参考邻居的施肥量。关于基肥施肥深度,有 59.88% 的设施蔬菜农户基肥施肥深度在 12 厘米以上,有22.73% 的设施蔬菜农户的基肥施肥深度在 6~12 厘米。基肥施肥方式占到最大比例的为撒施,比例为 86.56%,追肥施肥有 69.62% 的农户采用了水肥一体化的方式。在化肥品牌和利用率方面,有 61.16% 的农户认为自己了解化肥品牌,而58.73% 的农户认为自己并不了解化肥利用率。从农户施肥深度和农户基肥追肥施肥方式来看,农户追求增产增收态度积极,也积极地了解化肥品牌,对化肥品质进行了解,对化肥利用率的了解程度略低。关于多施化肥是否可以保证蔬菜产量,有 50.81% 的农户认为"不一定",但是当问题继续深入,如果每亩土地的化肥施用量继续增加,蔬菜产量会如何变化,却有 48.97% 的农户认为产量会继续增加。

表 6-1　农户化肥施用具体情况

问题	选项/农户比例
确定施肥量方法	1. 依据多年的施肥习惯（57.40%）　　2. 按说明书配比（19.72%） 3. 根据土壤状况进行调整（21.70%）　　4. 参考邻居施用量（0.99%）
基肥施肥深度	1. 6 厘米以下（8.30%）　　　　2. 6~12 厘米（22.73%） 3. 12 厘米以上（59.88%）　　　4. 不清楚（9.09%）
基肥施肥方式	1. 沟施（5.14%）　　　　2. 撒施（86.56%） 3. 窝施（1.98%）　　　　4. 水肥一体化（6.32%）
追肥施肥方式	1. 沟施（4.02%）　　　　2. 撒施（23.54%） 3. 窝施（2.82%）　　　　4. 水肥一体化（69.62%）
施肥目的	1. 追求产量最大化（57.31%）　　2. 改善蔬菜品质（35.18%） 3. 改善土壤质量（6.32%）　　　4. 其他（1.19%）
是否了解化肥品牌	0. 不了解（38.84%）　　　1. 了解（61.16%）
是否了解化肥利用率	0. 不了解（58.73%）　　　1. 了解（41.27%）
2013~2017 年，农户每亩土地的化肥施用量增减	1. 减少（5.38%）　　2. 没有变化（36.45%）　　3. 增加（35.66%） 4. 增加很多（18.92%）　　5. 不清楚（3.59%）
多施化肥是否可以保证蔬菜产量	1. 可以（36.49%）　　　2. 不清楚，多施用心里踏实（12.70%） 3. 不一定（50.81%）
若农户每亩土地的化肥施用量继续增加，蔬菜产量变化情况	1. 产量增加（48.97%）　　　2. 产量没有变化（34.55%） 3. 产量减少（9.61%）　　　4. 不清楚（6.86%）

通过对表 6-1 中数据进行分析，发现大多数农户确定施肥量方式受自身施肥习惯影响较大，这种影响是潜移默化的，农户很难对自身施肥习惯进行科学评价，容易在不自知的状态下在追求产量和效益的道路上越走越远，农业面源污染风险较大。政府和合作社在化肥减量化行动中应该发挥宣传和科普作用，引导农户树立科学施肥观念，建立施肥标准，矫正农户施肥习惯。

通过关于农户化肥利用率的调查，发现农户主动或者被动地忽略了化肥利用率这一重要问题，对化肥形成依赖，形成了"肥料高用量—蔬菜高产量"的思维定式。农户在从事农业生产活动时，作为理性的经济人，主要考虑如何获取最大收益，而不去考虑设施蔬菜生产活动会对外部环境产生何种影响，这个问题本质上为农业生产过程中的外部性问题。58.73%的农户认为自己不了解化肥利用率，仍然有48.97%的农户认为自己家每亩土地的化肥施用量继续增加，蔬菜产量会增加，农户生产范式亟待科学引导、正确矫正。推广环境友好型肥料，改善农户施肥结构，帮助农户了解并掌握科学施肥，减少化肥使用量，意义重大。

调查内容也包括农户施用农药行为、购买农药行为的具体细节、农户农药施用量变化的感知以及农户对农药施用量的预测等。通过这些细节可以更清楚地了解农户施药心理及行为，在推广环境友好型农药时更加准确地考虑农户生产习惯和利益诉求。通过表6-2可以看出，关于农户施药行为，93%的农户在施用农药前会阅读说明书，说明农户重视科学施药，愿意根据操作说明施药。有多达94.84%的农户会考虑农药安全间隔期，在实际访谈中，大多数农户认为安全间隔期为一周，当地政府对农产品农药残留的检查提高了农户对安全间隔期的重视程度。另外有大约70%的农户会用药浸种或浸苗以预防病虫害，有超过40%的农户会用药处理土壤以预防病虫害。在农药剂量使用方面，73.40%的农户严格按照说明，量杯精确配药，但也有15.60%的农户只是凭经验估计剂量，甚至有11.00%的农户随意增减药量。在调研过程中，农户喷洒药物过程中防护服、手套、口罩不全部使用比例占到53.66%，防护服、手套、口罩全部使用占46.34%，但在后续电话访谈中，发现农户的防护服一般指旧衣服，并没有真正地使用防护服。

关于农户购买农药行为，74.10%的农户在购买农药时首先考虑药效，在调研过程中，发现农户购买农药最关注的不是成本，而是药效，一般农户喷洒农药的心态是防患于未然，一旦出现病虫害，蔬菜品质就会下降，这时喷洒农药已晚。也有16.73%的农户在购买农药时会选择低残留农药。如果蔬菜发生了病虫害，有超过一半的农户（55.60%）会根据农药销售人员推荐意见选择农药，其次有24.20%的农户会根据病情和种植经验选择农药。这从侧面说明了农资销售点对农户施药的影响很大，寿光市政府采取农药市场准入原则，从源头限制高毒农药，推广低毒低残留的农药，效果显著。91.85%的农户在有营业执照的私营农药经销点购买农药，寿光、青州设施蔬菜种植已成规模，当地许多农资销售点开到了田间地头，对于方便农户购买农资起到了促进作用。

关于农户农药施用量，与前五年相比，受访农户中24.60%的农户农药施用次数减少，38.91%的受访农户认为农药施用次数变化不大，34.07%的受访农户认为农药施用次数增加5次及以内，2.42%的农户认为农药施用次数增加5次以上。寿光、青州两地农户设施蔬菜种植年限较长，经验丰富，农药施用次数已成惯例。次数增加的农户中接近60%的农户认为是病虫害增加造成的。与五年前相比，目前的农药施用量减少、不变、增加的农户呈现相对均衡的分布，然而与十年前相比，有超过一半（50.40%）的农户认为农药施用量增加了。农户对未来农药施用量的估计同样比较分散，说明农户并没有对未来减施或者多施农药形成固定见解，应该加强对农户减施农药的引导。在问到现在的农药施用量是否对自家田地土壤有危害，有25.20%的农户选择了没有任何危害，14.09%的农户认为危害很小，有35.71%的农户认为一般，说明农户对过量施用农药的危害并不深刻，在推广节药行动时，要加强过量施用农药危害的知识普及。

表6-2　农户化学农药施用具体情况

问题	选项/农户比例	
农户施用农药行为		
施用农药前是否阅读说明书	0. 否（7%）	1. 是（93%）
是否考虑农药安全间隔期	0. 否（5.16%）	1. 是（94.84%）
是否用药浸种或浸苗以预防病虫害	0. 否（30.10%）	1. 是（69.90%）
是否用药处理土壤以预防病虫害	0. 否（55.86%）	1. 是（44.14%）
农药剂量的确定方法	1. 严格按照施药说明，量杯配药（73.40%）　2. 凭经验用瓶盖估计（15.60%）　3. 根据病情，随意增减（11.00%）	
在喷洒农药时是否使用	0. 防护服、手套、口罩不全部使用（53.66%）　1. 防护服、手套、口罩全部使用（46.34%）	
农户购买农药行为		
购买农药首要决定因素	1. 药效（74.10%）　2. 使用便利（2.59%）　3. 价格（1.59%）　4. 品牌（4.98%）　5. 低残留（16.73%）	
如果蔬菜发生了病虫害，如何选择农药	1. 农药销售人员推荐（55.60%）　2. 农技推广人员指导（9.40%）　3. 根据病情和种植经验（24.20%）　4. 农户之间交流（5.60%）　5. 根据农药使用说明选择（5.20%）	
购买农药的渠道	1. 有营业执照的私营农药经销点（91.85%）　2. 村里流动商贩（1.59%）　3. 供销社等国营销售点（2.58%）　4. 农药厂家直销点（3.18%）　5. 合作社（0.60%）　6. 其他（0.20%）	
农药施用量		
与前五年相比，种植同一种蔬菜，农户施用农药的次数	1. 减少（24.60%）　2. 不变（38.91%）　3. 增加5次及其以内（34.07%）　4. 增加5次以上（2.42%）	

续表

问题	选项/农户比例
次数增加的主要原因	1. 病虫害增加（59.90%）2. 病虫害的抗药性增强（21.83%） 3. 农药药效降低（8.12%）4. 其他（10.15%）
与五年前相比，目前的农药施用量	1. 减少（27.91%）2. 没有变化（33.94%）3. 增加（38.15%）
与十年前相比，目前农药的施用量	1. 减少（27.40%）2. 没有变化（22.20%）3. 增加（50.40%）
农户觉得未来的农药施用量将	1. 减少（32.06%）2. 维持目前水平（39.88%） 3. 增加（28.06%）
在当前的农业管理水平下， 农户认为当地的农药施用量	1. 过高（6.16%）2. 有点高（30.02%）3. 较合适（60.04%） 4. 有点低（3.78%）
农户认为自家现在的农药施用量 对自家田地土壤的危害情况	1. 没有任何危害（25.20%）2. 很小（14.09%）3. 一般 （35.71%）4. 比较大（16.87%）5. 非常大（8.13%）

　　农户对化肥和农药的危害认知在一定程度上反映农户相应心理活动，有助于政府部门更好地理解农户需求，更加有的放矢地决策。表 6-3 中，关于是否愿意减少化肥施用量，有高达 92.02% 的农户回答愿意，关于设施蔬菜种植施用化肥是否过量，有高达 83.30% 的农户认为过量，也就是说，农户认为自家农业生产化肥施用过量并且愿意减少施用（有一部分是表面愿意减少施用）。在对农户的第三个问题"如果维持现有的作物管理方式，您最大程度能够减施的化肥量是多少"中，只收集到 179 户农户的回答，其中有 168 户（93.85%）认为在现有的作物管理模式下，不能减少化肥施用量。本次有效问卷共 507 份，对这一问题，农户回答率不高，同时根据这一结果发现，农户在减施化肥意愿和行为上存在矛盾，有"说一套，做一套"之嫌。

　　关于化肥过量施用的危害程度，59.30% 的农户认为有些危害，认为非常有害的农户为例为 20.35%，认为不是很有害的农户比例为 15.97%，另外有 2.84% 的农户认为没有危害。关于过量施用化肥的最严重危害，最多的（46.39%）农户认为是农业种植成本提高，其次是土壤板结（占到 28.92%），再次是会造成农产品污染，对人体有害（占到 17.07%），最后是地下水污染、烧苗等（各占3.82%）。关于过量施用化肥的危害，农户首先考虑到的既不是污染农业生态环境，造成农业面源污染，也不是影响农产品品质，危害农产品质量安全，而是农业生产成本提升，农户生产理念继续进一步优化。

表 6-3 农户化肥减施情况

问题	选项/农户比例（或农户户数）	
是否愿意减少化肥施用量	0. 否（7.78%）	1. 是（92.02%）
农户认为自家蔬菜种植施用的化肥是否过量	0. 否（16.70%）	1. 是（83.30%）
如果维持现有的作物管理方式，农户最大限度能够减施的化肥量	1.0（168 户） 2.1~10%（1 户） 3.11%~20%（2 户） 4.21%~30%（1 户） 5.31%~40%（7 户）	
农户认为过量施用化肥的最严重危害	1. 土壤板结（28.92%） 2. 农业成本提高（46.39%） 3. 发生"烧苗"，减少蔬菜产量（3.82%） 4. 会造成地下水污染（3.82%） 5. 会造成农产品污染，对人体有害（17.07%）	

关于农药减施意愿，调研结果显示（见表 6-4），有 96.44% 的农户表示愿意减少农药施用量，农户农药减施态度受政府宣传影响较大，容易出现"说一套，做一套"言行不一的情形。进一步调查发现：若绿色认证蔬菜比普通蔬菜高 30%~40% 以上的情况下，超过一半（56.44%）的农户表示肯定会通过修复土壤，科学施肥施药，积极申请绿色农产品认证。84.91% 的农户否认自己家蔬菜种植施用的农药过量，农户强烈拒绝自家蔬菜农药施用超标，反映农户的自我保护行为。如果维持现有的作物管理方式，有 37.27% 的农户表示可以在 1%~10% 范围减施农药，这部分农户对农药过量施用有所感知。

表 6-4 农户化学农药减施情况

问题	选项/农户比例	
是否愿意减少农药施用量	0. 否（3.56%）	1. 是（96.44%）
在绿色认证蔬菜比普通蔬菜高 30%~40% 的情况下，农户会通过整改积极申请绿色农产品认证的意愿	1. 不会（2.97%） 2. 可能不会（4.95%） 3. 一般（16.63%） 4. 可能会（19.01%） 5. 肯定会（56.44%）	
农户认为自家蔬菜种植施用的农药是否过量	0. 否（84.91%）	1. 是（15.09%）

续表

问题	选项/农户比例	
如果维持现有的作物管理方式，农户最大限度能够减施的农药量	1.0%（10.59%） 3.11%~20%（27.29%） 5.31%~40%（4.48%） 7.51%~60%（1.63%） 9.71%~80%（0.20%） 11.91%~100%（0.41%）	2.1%~10%（37.27%） 4.21%~30%（9.57%） 6.41%~50%（7.94%） 8.61%~70%（0.61%） 10.81%~90%（0）
如果减施农药会造成蔬菜产量降低，农户能接受减产的最大限度	1.0%（19.92%） 3.11%~20%（14.37%） 5.31%~40%（1.64%） 7.51%~60%（0.21%） 9.71%~80%（0.41%） 11.91%~100%（0.21%）	2.1%~10%（57.08%） 4.21%~30%（4.31%） 6.41%~50%（1.64%） 8.61%~70%（0.21%） 10.81%~90%（0）

6.2 农户绿色投入品施用行为研究
——以生物菌肥为例

6.2.1 受访农户生物菌肥认知与购买情况

根据对山东省寿光、青州两个县级市设施蔬菜农户的实地调查，对农户生物菌肥认知情况、购买情况、前景认知和支付意愿进行分析，可以更好地了解农户生物菌肥的施用行为，为促进生物菌肥推广提出建议。根据表6-5，92.42%的农户听说过生物菌肥，其中有28.54%的农户知道生物菌肥是微生物肥料，26.72%的农户知道生物菌肥能够改善土壤质量，农户对生物菌肥的了解主要在属性和功能方面。12.35%的农户认为自己不了解生物菌肥，11.34%的农户选择了生物菌肥对生态环境影响较小。生物菌肥的主要认知途径中，57.44%的农户是通过农资零售店，27.46%的农户是通过农技人员讲解，农资零售店和农技人员讲解对生物菌肥的推广起到了重要的宣传促进作用，是农户接触新型绿色投入品的主要媒介。关于购买情况,92.31%的农户表示自己愿意购买生物菌肥,同样这里存在"真正愿意"和"表面愿意"言行不一的情况。从购买行为可以看出,44.18%的农户经常购买生物菌肥,另外有42.21%的农户购买过一两次,这是偶然购买行为,有13.61%的农户从未购买过生物菌肥。关于前景认知,认为前景良好的农户占39.60%,认为非常好的占40.00%,说明农户对生物菌肥的前景持乐观态度。当问到生物菌肥广泛使用所需要的条件时,61.15的农户认为生物菌肥能够真正改善土壤质量是生物菌肥推广的重要条件,另外分别有超过10%的农户认为施用生物菌肥的农产品价格高、政府推广也能起到重要作用。农户对生物菌肥的支付均值为361.41元/亩,标准差较大。

表6-5 农户生物菌肥认知情况

问题	选项/农户比例
认知情况	
是否听说过生物菌肥	0. 否（7.58%） 1. 是（92.42%）
对生物菌肥的认识	1. 微生物肥料（28.54%） 2. 对人畜安全（15.59%） 3. 对生态环境影响小（11.34%） 4. 施用要求较多,比如对土壤湿度有要求,不能与杀菌剂合用（4.66%） 5. 改善土壤质量（26.72%） 6. 价格高于普通化肥（0.81%） 7. 不了解（12.35%）
生物菌肥的主要认知途径	1. 农技人员讲解（27.46%）2. 农资零售店推荐（57.44%）3. 邻居朋友推荐（7.76%）4. 培训班（1.05%）5. 龙头企业或合作社等组织要求（0.42%）6. 电视广播（4.19%）7. 咨询活动（1.47%）8. 黑板报（0.21%）
购买情况	
是否愿意购买生物菌肥	0. 否（7.69%） 1. 是（92.31%）
购买生物菌肥的情况	1. 从未买过（13.61%） 2. 买过一两次（42.21%） 3. 经常买（44.18%）
购买生物菌肥的主要原因	1. 考虑自身安全（6.33%）2. 效果好（6.33%）3. 对环境友好（9.83%）4. 同乡推荐（3.06%）5. 经销商推荐（12.88%）6. 龙头企业或合作社等组织要求（0.66%）7. 农业部门的要求（1.31%）8. 电视宣传（0.%）
前景认知	
对生物菌肥的前景认知	1. 不知道（7.68%）2. 不好（1.62%）3. 一般（11.11%）4. 良好（39.60%）5. 非常好（40.00%）

续表

问题	选项/农户比例
认为生物菌肥的 广泛使用需要什么条件	1. 土壤质量得到提高（61.15%）　2. 用生物菌肥的农产品价格高（10.43%）　3. 有补贴（6.95%）　4. 农业技术部门推广（8.59%）　5. 政府推广（12.88%）
支付意愿	
能接受的生物菌肥 价格（　）元/亩	均值：361.41 标准差：701.43

　　根据表6-5和表6-6，农户在施肥时，往往按照习惯决定施肥量。施肥目的显示，农户施用肥料是为了保证产量，规避风险。83.30%的农户意识到化肥过量施用，农资销售商对农户肥料选择起到重要作用。在购买原因一项，生物菌肥效果好，真正能够改善土壤质量，才能促进农户购买施用，获取较好前景。在生物菌肥认知及购买方面，绝大多数农户都听说过生物菌肥，对生物菌肥的认知也相对到位，认为生物菌肥是微生物肥料。关于生物菌肥施用意愿，绝大多数农户明确表示愿意施用，但是具体施用行为中"偶然购买"占有较大比例，只有"经常购买"的农户才真正愿意购买施用生物菌肥。设施蔬菜农户生产效益较高，农户改善土壤质量需求强烈，生物菌肥只有真正改善土壤质量，才会实现大规模推广。

表6-6　农户施肥特征总结

农户施肥特征总结	选项/农户比例	
化肥施用以及减施行为		
确定化肥用量方法	依据多年的施肥习惯（57.40%）	
施肥目的	追求产量最大化（57.31%）	改善蔬菜品质（35.18%）
自家蔬菜种植施用的化肥是否过量	否（16.70%）	是（83.30%）
认为过量施用化肥的最严重危害	农业成本提高（46.39%）	土壤板结（28.92%）
生物菌肥认知购买情况		
是否听说过生物菌肥	否（7.58%）	是（92.42%）
对生物菌肥的认识	微生物肥料（28.54%）	改善土壤质量（26.72%）
生物菌肥主要认知途径	农资零售店推荐（57.44%）	农技人员讲解（27.46%）

续表

农户施肥特征总结	选项/农户比例
是否愿意购买生物菌肥	否（7.69%）　　　是（92.31%）
购买生物菌肥的情况	经常购买（44.18%）　　　买过一两次（42.21%） 从未买过（13.61%）
生物菌肥的广泛使用需要什么条件	土壤质量得到提高（61.15%）
支付意愿	361.41 元/亩

6.2.2　数据来源、模型构建与变量设定

本章所用研究数据主要来自对山东省寿光、青州两个县级市设施蔬菜农户的实地调查。本章研究内容主要来自调查问卷的第一部分（农户基本信息）和第三部分（农户农业投入品施用行为）。

农户生物菌肥施用行为决策受到不同因素的影响，在生物菌肥推广中，已有研究大多认为应从农户个人及家庭特征（包括农户个人信息、认知情况、支付能力等）、肥料替代等方面研究推广生物菌肥的措施。笔者根据农户生产绿色转型的影响机制以及对受访农户诉求的了解，从农户个人因素、外部情境因素的角度对农户生物菌肥施用行为进行研究。关于农户是否施用生物菌肥，是典型的二元选择变量，笔者采用 Logistic 模型进行分析，根据 Logistic 计量模型的定义：

$$\text{Prob}\,(Y_i = 1) = p_i = \frac{\exp(\beta_0 + \sum_{i=1}^{n}\beta_i x_i)}{1 + \exp(\beta_0 + \sum_{i=1}^{n}\beta_i x_i)} = \frac{1}{1 + \exp(-M_i)} \tag{6.1}$$

其中，$M_i = \beta_0 + \sum_{i=1}^{n}\beta_i x_i$，$x_i$ 为影响农户有效施用行为的影响因素。Y_i 为农户生物菌肥有效施用行为，若有效施用行为发生，则 $Y_i = 1$，若有效施用行为没有发生，则 $Y_i = 0$。p_i 为农户生物菌肥有效施用的概率。将式（6.1）变形得到：

$$Y_i = \text{Ln}\frac{p_i}{1 - p_i} = \beta_0 + \sum_{i=1}^{n}\beta_i x_i + \mu \tag{6.2}$$

其中，β_0 为截距项，β_i 为解释变量的回归系数，n 为解释变量的个数，μ 为随机误差项。

关于变量选择，以农户生物菌肥有效施用行为作为被解释变量，根据农户生产绿色转型的影响机制以及对受访农户诉求的了解选择农户个人因素和现实情境因素作为被解释变量。第 5 章研究发现，绿色农业投入品成本对农户生产绿色转型影响不显著，这一结果在农户深度访谈中得到证实，在绿色投入品的进一步推广使用中，农户更加重视绿色投入品的使用效果，以及绿色生产方式生产的农产品能否实现"优质优价"，基于此，选择农户个人因素和现实情境因素作为被解释变量。

（1）被解释变量，包括农户生物菌肥有效施用行为。确认农户生物菌肥施用行为属于"有效施用行为"，则被解释变量 $Y=1$，否则，被解释变量 $Y=0$。

关于农户生物菌肥购买意愿，92.18%的农户表示愿意购买生物菌肥，关于生物菌肥具体施用行为，大约80%的农户表示自己购买施用过。然而随着调查的深入，当问到具体施用次数以及生物菌肥花费时，农户似乎也意识到了自己在生物菌肥施用意愿与行为之间的背离。最后发现，在表示愿意施用生物菌肥的农户中只有46.30%的农户经常施用生物菌肥，在表示愿意施用生物菌肥的农户中43.91%的农户施用生物菌肥行为仅发生一两次，属于偶然性购买施用行为，仍然处于尝试施用阶段。最终，对调研数据进行筛选，将经常施用生物菌肥的农户的"有效施用行为"归结为真正的生物菌肥使用者。

（2）农户个人因素，选择收益追求、前景认知两个变量衡量。

收益追求，是指农户设施蔬菜生产的主要动机或农产品用途，如农户种植设施蔬菜是为了追求收益，还是为了自己食用，或者兼而有之。调查发现，农户对设施蔬菜的收益追求对农户具体施用什么肥料、施用次数以及成本影响很大，如有的农户认为，"自家种植蔬菜不多，自己吃一点，剩下的卖掉了，施用生物菌肥太麻烦"，还有农户认为"自己种植蔬菜很多，为了市场上卖个好价钱，可以用点菌肥试试改善土壤，看看有没有效果"。因此，农户收益追求会影响农户生物菌肥施用行为。

前景认知，指农户对生物菌肥的前景的认识，能够反映农户对生物菌肥的认可和信任程度。调查发现，若农户积极反映前景好，如"效果挺好，我用了好几袋了，土壤变蓬松了"，说明农户很有可能施用过生物菌肥，看到了生物菌肥改善土壤的效果，那么对农户继续施用生物菌肥具有促进作用。如果农户对生物菌肥存在迟疑，如"感觉还是化肥靠谱，那个说是有菌，我不懂，用不惯"，质疑生物菌肥效果，对生物菌肥施用行为具有阻碍作用。

收益追求和前景认知采用李克特五级量表进行测量，即非常弱、弱、一般、强、非常强，分别用1、2、3、4、5表示。

（3）现实情境因素，选择生物菌肥施肥指导和设施蔬菜销售环境两个变量衡量。

生物菌肥施肥指导，指农户是否接受过关于生物菌肥施用注意事项的指导。农户接受过施肥指导，更有可能选择施用生物菌肥。由于设施蔬菜农户购买肥料一般是大批量购买，男性购买肥料行为较多，具有信息优势，在与肥料经销商的交流中，可能得到关于生物菌肥施用方法和注意事项的指导，更容易施用生物菌肥。

设施蔬菜销售环境，指农户对设施蔬菜销售环境的感知。调查发现，有些农户对设施蔬菜销售环境不满意，如有农户反映"施用生物菌肥，化肥少用了，成本提高了，可是蔬菜价格并不比普通蔬菜高呀"，农户施用生物菌肥，改善农业环境，增加了农业生产成本，农户行为对生态环境是有正外部性的，应该增加环境友好方式生产的农产品的辨识度，实现品牌效应，给予农户经济激励。

设施蔬菜销售环境采用李克特五级量表进行测量，即非常差、差、一般、好、非常好，分别用1、2、3、4、5表示。

（4）其他因素。

笔者根据相关研究和实际调研情况，在解释变量中加入了农户年龄、性别、受教育程度、种植年限、劳动力人数、种植面积等农户个人及家庭信息，这些变量可能对农户生物菌肥有效施用行为产生影响（见表6-7）。

表6-7　变量与代表性语句

变量维度	变量	变量取值	代表性语句
被解释变量	施用行为	偶然施用行为 = 0 有效施用行为 = 1	"用过一两次，是经销商推荐的" "用啊，能够改善土壤，以后还会用的"
解释变量			
农户个人因素	收益追求	非常弱、弱、一般、强、非常强，分别用1、2、3、4、5表示	"种菜为了赚钱，能够改善土壤提高产量的肥料就用"
	前景认知		"这个效果好，对环境好，前景肯定好啊"

续表

变量维度	变量	变量取值	代表性语句
现实情境因素	施肥指导	无 = 0；有 = 1	"有啊，经销商都告诉我怎么用了"
	设施蔬菜销售环境	非常差、差、一般、好、非常好，分别用 1、2、3、4、5 表示	"我用了生物菌肥，成本高了，菜价一样的"
其他因素	年龄、性别、受教育程度、种植年限、劳动力人数、种植面积		

6.2.3 农户生物菌肥施用意愿与有效施用行为存在背离

对农户生物菌肥施用意愿和行为进行归纳，如表 6-8 所示，有 39 位农户明确表示不愿意购买生物菌肥，12 位农户虽然表示不愿意购买生物菌肥，还是有过偶然性购买施用生物菌肥行为。受访农户中有 468 位农户表示愿意购买生物菌肥，在表示愿意购买生物菌肥的农户中，有 42 位农户从未购买施用过，202 位农户只购买过一两次，224 位农户经常购买施用。本书认为，仅仅购买施用生物菌肥一两次的农户行为属于"偶然施用行为"，只有经常施用生物菌肥的农户行为才是生物菌肥"有效施用行为"。将无购买意愿却有有效施用行为的农户和有购买意愿却无有效施用行为的农户按照所占比例相加，发现 48.13% 的农户生物菌肥施用意愿和有效施用行为存在背离。

表 6-8　农户生物菌肥购买施用意愿行为分析

农户选择		购买意愿		合计
		不愿意购买	愿意购买	
购买行为	没有购买过	27	42	69
	购买过一两次	12	202	214
	经常购买施用	0	224	224
合计		39	468	507

6.2.4 农户生物菌肥有效施用行为研究

对农户生物菌肥有效施用行为进行估计，为防止农户个人因素和现实情境因素会互相影响，干扰估计结果，估计过程分为三步，模型一和模型二分别只考虑农户个人因素、现实情境因素对农户生物菌肥有效施用行为的影响，模型三综合考虑农户个人因素、现实情境因素对农户生物菌肥有效施用行为的影响，结果如表 6-9 所示。

表 6-9 农户生物菌肥有效施用行为分析

变量		模型一		模型二		模型三	
		系数	P 值	系数	P 值	系数	P 值
农户个人因素	收益追求	0.288***	0.001	—	—	0.280***	0.002
	前景认知	0.727***	0.000	—	—	0.600***	0.000
现实情境因素	生物菌肥施肥指导	—	—	0.851***	0.000	0.689***	0.002
	设施蔬菜销售环境	—	—	-0.477***	0.000	-0.362***	0.000
其他因素	年龄	-0.002***	0.682	-0.004	0.578	-0.003	0.661
	性别	0.549**	0.011	0.344	0.105	0.411*	0.069
	受教育程度	0.061	0.679	0.144	0.320	0.025	0.871
	种植年限	0.021	0.106	0.004	0.727	0.015	0.266
	劳动力人数	0.005	0.899	0.010	0.821	0.014	0.747
	种植面积	-0.047	0.155	-0.012	0.665	-0.054	0.113
	常数项	-4.266***	0.000	0.639	0.389	-2.424**	0.011

注：***、**、*分别表示1%、5%、10%的显著性水平。

结果发现，收益追求、前景认知、生物菌肥施肥指导对农户生物菌肥有效施用行为起到显著促进作用，落后的设施蔬菜销售环境对农户生物菌肥有效施用行为起到显著阻碍作用。

农户设施蔬菜种植收益追求强烈，就会促进农户施用生物菌肥改善棚内土壤质量，提升设施蔬菜产量和品质，获取更大收益。农户对生物菌肥前景认知越乐观，越信任生物菌肥能够改善土壤质量，较为开明，愿意接受并尝试新型农业投入品，施用生物菌肥的可能性就越大。生物菌肥施肥指导能够打消农户对新型肥料的疑虑，帮助农户掌握生物菌肥施用方法和注意事项，建立施用信心。男性在获取生物菌肥施用指导方面更具优势，更容易掌握生物菌肥施用方法，完成施用行为。设施蔬菜落后的销售环境对农户生物菌肥有效施用行为起到阻碍作用，农户施用生物菌肥，改善环境质量，提升蔬菜品质，是具有正外部性的，但是蔬菜价格并没有得到体现。建立蔬菜品牌，增加绿色蔬菜辨识度，构建能够实现"优质优价"的设施蔬菜销售环境，有助于提高农户生物菌肥施用的积极性。

6.3   农户绿色投入品施用行为研究
——以生物农药为例

6.3.1   受访农户生物农药认知与购买情况

根据对山东省寿光、青州两个县级市设施蔬菜农户的实地调查，关于生物农药认知（见表 6-10），28.17%的农户认为是一种天然农药，26.96%的农户认为生物农药对人畜安全，16.90%的农户认为对生态环境小，说明农户对生物农药的基本认知是准确的。认为生物农药药效好的比例要高于见效慢、价格高的农户，说明农户对生物农药的态度总体是积极的。关于生物农药的认知途径，53.73%的农户通过农药零售店推荐、32.62%的农户通过农技人员讲解，农药零售店和农技人员在宣传推广生物农药方面的作用很大。关于生物农药疑虑，44.72%的农户担心生物农药能否对病虫害起到真正的效果，27.95%的农户没有担心，另外有18.63%的农户担心生物农药能否做到真正安全，生物农药能否抑制病虫害是农户最为关注之处。

关于生物农药购买情况（见表 6-10），90.93%的农户表示愿意购买生物农药，而在具体行为方面，52.27%表示经常买，属于"经常行为"，32.15%的农户买过一两次，属于"偶然行为"，15.58%的农户从未买过生物农药，农户购买生物农药行为意愿方面出现了"说一套，做一套"的情况。在购买原因方面，超过一半（56.12%）的农户认为效果好是其购买生物农药的原因，再次说明了生物农药只有提高质量，起到病虫害防控作用，才能得到农户信任。

关于生物农药前景认知（见表6-10），41.54%的农户认为生物农药前景非常好，39.04%的农户认为前景良好，说明农户对生物农药前景乐观，态度积极。在问到生物农药的广泛使用需要的条件时，65.06%的农户肯定了药效好对生物农药的广泛使用具有推动作用，另外农产品价格和农技部门推广也能起到相应作用。关于支付意愿，农户能接受的生物农药价格均值为336.93元/亩，标准差较大。

表6-10 农户生物农药认知情况

问题	选项/农户比例
认知情况	
对生物农药的认识	1. 一种天然农药（28.17%）2. 对人畜安全（26.96%）3. 对生态环境影响小（16.90%）4. 药效好（8.65%）5. 见效慢（1.01%）6. 价格高于普通农药（1.61%）7. 不了解（16.10%）8. 其他（0.60%）
生物农药的认知途径	1. 农技人员讲解（32.62%）2. 农药零售店推荐（53.73%）3. 邻居朋友推荐（5.76%）4. 培训班（0.00%）5. 龙头企业或合作社等组织要求（1.28%）6. 电视广播（5.97%）7. 咨询活动（0.21%）8. 黑板报（0.43%）
对生物农药的担心	1. 能否做到真正安全（18.63%）2. 是否对病虫害起到真正的效果（44.72%）3. 价格过高（5.38%）4. 其他（3.31%）5. 没有担心（27.95%）
购买情况	
是否愿意购买生物农药	0. 不愿意（9.07%）1. 愿意（90.93%）
购买生物农药的情况	1. 从未买过（15.58%）2. 买过一两次（32.15%）3. 经常买（52.27%）
购买生物农药的原因	1. 考虑自身安全（12.47%）2. 效果好（56.12%）3. 对环境友好（14.70%）4. 同乡推荐（2.45%）5. 经销商推荐（9.35%）6. 龙头企业或合作社等组织要求（0.89%）7. 农业部门的要求（1.34%）8. 电视广播的宣传（1.34%）9. 其他（1.34%）
前景认知	
认为生物农药的前景怎么样	1. 不知道（6.05%）2. 不好（2.30%）3. 一般（11.06%）4. 良好（39.04%）5. 非常好（41.54%）

续表

问题	选项/农户比例
认为生物农药的广泛使用需要什么条件	1. 药效好（65.06%）2. 用生物农药的农产品价格高（9.21%）3. 有补贴（7.11%）4. 农业技术部门推广（11.09%）5. 政府规定（7.53%）
支付意愿	
能接受的生物农药价格（　）元/亩	均值：336.93

　　从表 6-10 和表 6-11 中可以看出，关于农户施药行为，农户在施药时非常注重科学方法，重视说明书和农药安全间隔期。施药目的显示，农户施用农药是为了保证产量，规避风险，购买农药的首要决定因素就是药效。在农药是否过量方面，84.91%的农户对此进行了强烈否认，部分农户对于农药施用量有所感知，但是在政策舆论压力下，对这一问题讳莫如深。农资销售商对农户农药选择起到重要作用。在购买原因一项，生物农药防治病虫害才能真正促进农户购买施用，获取较好前景。在生物农药的认知及购买方面，绝大多数农户都听说过生物农药，对生物农药的认知也相对到位，认为生物农药是天然农药。在问到生物农药的施用意愿时，绝大多数农户表示愿意。但是具体施用行为中"偶然购买"占据较大比例，只有"经常购买"生物农药的农户才是生物农药的支持者。生物农药只有实现防治病虫害效果，农户才会认可、信任生物农药。

表 6-11　农户施药特征总结

农户施药特征总结	选项/农户比例
农药施用以及减施行为	
施用农药前是否阅读说明书	否（7%）　　　　是（93%）
是否考虑农药安全间隔期	否（5.16%）　　是（94.84%）
农药剂量的使用原则	严格按照说明，量杯精确配药（73.40%）
购买农药首要决定因素	药效（74.10%）　　低残留（16.73%）
如果蔬菜发生了病虫害，如何选择农药	农药销售人员推荐（55.60%）根据病情和种植经验（24.20%）
自家蔬菜种植施用农药是否过量	否（84.91%）　是（15.09%）

农户施药特征总结	选项/农户比例
生物农药认知购买情况	
生物农药的认识	天然农药（28.17%）　　对人畜安全（26.96%）
生物农药的认知途径	农药零售店推荐（53.73%）农技人员讲解（32.62%）
对生物农药的担心	是否对病虫害起到真正的效果（44.72%）没有担心（27.95%）
是否愿意购买生物农药	不愿意（9.07%）愿意（90.93%）
购买生物农药的情况	经常购买（52.27%） 偶尔购买（32.15%） 从未购买（15.58%）
购买生物农药的原因	效果好（56.12%）
生物农药的广泛使用需要什么条件	药效好（65.06%）
支付意愿	均值：336.93

6.3.2　数据来源、模型构建与变量选择

本章所用研究数据主要来自对山东省寿光、青州两个县级市设施蔬菜农户的实地调查。本章研究内容主要来自调查问卷的第一部分（农户基本信息）和第三部分（农户农业投入品施用行为）。

农户生物农药施用行为决策受到不同因素的影响，在生物农药推广中，已有研究大多认为农户个人特征（包括农户个人信息、认知情况、支付能力等）是影响农户生物农药施用行为的主要原因，而农户的个人学习能力、农产品销售环境却经常被忽略。本章围绕农户个人和现实情景因素，对农户生物农药施用行为进行研究。

关于农户是否施用生物农药，是典型的二元选择变量，本章采用 Logistic 模型进行分析。模型的函数表达式为：

$$Y_i = \mathrm{Ln}\,\frac{p_i}{1-p_i} = \alpha_0 + \sum_{i=1}^{n} \alpha_i X_i + \mu \qquad (6.3)$$

其中，Y_i 为农户生物农药有效施用行为，若有效施用行为发生，则 $Y_i = 1$，若有效施用行为没有发生，则 $Y_i = 0$。p_i 为农户生物农药有效施用的概率，α_0 为截距项，α_i 为解释变量的回归系数，X_i 为影响农户生物农药有效施用行为的影

响因素，n 为解释变量的个数，μ 为随机误差项。

关于变量选择，本章选择以农户生物农药有效施用行为作为被解释变量，根据第 5 章对农业生产绿色转型影响机制的研究以及受访农户基本情况的了解，选择以农户个人因素和现实情境因素作为被解释变量。根据主流行为过程理论，在农户进一步绿色生产过程中，农户通过尝试施用生物农药，能否掌握生物农药科学使用方法并建立信任对农户进一步施用生物农药具有重要影响。政府约束如农药残留检测对农户生物农药施用的影响同样不可忽视。基于这些原因，选取农户方面的行为能力和质疑心理以及政府农残检测和设施蔬菜销售环境作为主要解释变量（见表 6-12）。

（1）被解释变量，包括农户生物农药有效施用行为。确认农户生物农药施用行为属于"有效施用行为"，则被解释变量 $Y_i = 1$，合则，被解释变量 $Y_i = 0$。

调查问卷中关于农户生物农药购买问题，有 94.08% 的农户表示愿意购买生物农药，然而随着调查的深入，农户似乎也意识到了自己在生物农药施用意愿与行为之间的背离。当问到生物农药具体施用行为时，80% 以上的农户表示自己购买施用过，当问到施用比例以及频率时，发现只有约 50% 的农户经常施用生物农药。约 30% 的农户施用生物农药是偶然性行为，甚至有农户坦言，不管是不是生物农药，效果好就支持。最终，对调研数据进行筛选，将经常施用生物农药的农户的"有效施用行为"归结为真正的生物农药使用者。

（2）农户个人因素，选择行为能力和质疑心理两个变量衡量。

行为能力，是指行为主体对自己能够完成某项任务的能力评价。关于生物农药施用，农户行为能力是指农户对自己能够掌握生物农药施用方法以及利用生物农药达到防治病虫害目的的能力感知。农户行为能力较高，对掌握生物农药施用技能信心充足，就会干预尝试施用生物农药；反之，农户认为自己行为能力较低，无法掌握这项技能，就会规避风险，拒绝施用生物农药。

质疑心理，指农户对生物农药防治病虫害作用的质疑。调查发现，部分农户不信任生物农药效果，对生物农药持怀疑态度，甚至以此证明自己弃用生物农药的合理性。例如，有农户认为"农资零售店宣传生物农药，是因为生物农药利润高，不一定是防虫效果好"。同时生物农药见效慢，设施蔬菜种植户担心生物农药药效不好会带来损失。农户质疑心理越强，施用生物农药可能性就越小；反之，施用生物农药可能性就越大。

行为能力和质疑心理采用李克特五级量表进行测量，即非常弱、弱、一般、强、非常强，分别用1、2、3、4、5表示。

（3）现实情境因素，选择农残检测和设施蔬菜销售环境两个变量衡量。

农残检测，指农户生产的设施蔬菜定期有机构进行农药残留检测。农药残留检测对农户农药施用行为起到规范作用，调研过程中，地方政府的农残检测高压政策对农户科学施药行为起到重要约束作用，一旦发现农药残留不合格，如施用高毒农药、农药残留超标等情况，采取惩罚措施。这些措施对农户规范施药行为起到重要促进作用。

设施蔬菜销售环境，指农户对设施蔬菜销售环境的感知。调查发现，有些农户对设施蔬菜销售环境不满意，如有农户反映"施用生物农药，蔬菜安全了，可是价格并不比普通蔬菜高呀"，这就涉及农业绿色生产外部性问题了，只有当生物农药的环境优势体现在农产品销售环境中，农户才会积极响应，施用生物农药。

销售环境采用李克特五级量表进行测量，即非常差、差、一般、好、非常好，分别用1、2、3、4、5表示。

（4）其他因素。

本章根据相关研究和实际调研情况，在解释变量中加入了农户年龄、性别、受教育程度、种植年限、劳动力人数、种植面积等农户个人及家庭信息，这些变量可能对农户生物农药有效施用行为产生影响。

表6-12　变量与代表性语句

变量维度	变量	变量取值	代表性语句
被解释变量	施用行为	偶然施用行为 = 0 有效施用行为 = 1	"可能用过吧，买药要看药效啊，安全无残留是其次""常用生物农药啊，这个好，用这个打完药不难受了"
解释变量			
农户个人因素	行为能力	非常弱、弱、一般、强、非常强，分别用1、2、3、4、5表示	"用法麻烦，不如普通农药省事放心"
	质疑心理		"这个不知道治虫管用不，农药店促销吧"

续表

变量维度	变量	变量取值	代表性语句
现实情境因素	农残检测	未检测＝0；检测＝1	"有啊，政府部门抽查，一年好几次呢"
	设施蔬菜销售环境	非常差、差、一般、好、非常好，分别用1、2、3、4、5表示	"我用了生物农药，买菜的也不知道啊，蔬菜价格一样的"
其他因素	年龄、性别、受教育程度、种植年限、劳动力人数、种植面积		

6.3.3 农户生物农药施用意愿和有效施用行为存在背离

从表6-13可以看出，有46位农户表示不愿意购买生物农药，然而在具体的购买施用行为中，7位表示不愿意购买的农户经常购买施用生物农药。有461位农户表示愿意购买生物农药，151位农户表示愿意购买施用生物农药，却仅仅购买一两次，频率很低。笔者认为，仅仅购买施用生物农药一两次的农户行为属于"偶然施用行为"，只有经常购买施用生物农药的农户行为才是生物农药"有效施用行为"。将无购买意愿却存在有效施用行为的农户与有购买意愿却无有效施用行为的农户所占比例相加，发现有41.42%的农户生物农药施用意愿和有效施用行为存在背离。

表 6-13 农户生物农药购买施用意愿行为分析

农户选择		购买意愿		合计
		不愿意购买	愿意购买	
购买行为	没有购买过	27	52	79
	购买过一两次	12	151	163
	经常购买施用	7	258	265
合计		46	461	507

6.3.4 农户生物农药有效施用行为研究

对农户生物农药有效施用行为进行估计，估计过程分为三个步骤，模型一和模型二分别只考虑农户个人因素、现实情境因素对农户生物农药有效施用行为的影响，模型三同时考虑农户个人因素和现实情境因素对农户生物农药有效施用行为的影响。结果如表6-14所示：

表6-14　农户生物农药有效施用行为分析

变量		模型一		模型二		模型三	
		系数	P值	系数	P值	系数	P值
农户个人因素	行为能力	2.164***	0.000	—	—	0.946***	0.000
	质疑心理	-3.259***	0.000	—	—	-2.438***	0.000
现实情境因素	农残检测	—	—	0.742***	0.000	3.107***	0.000
	设施蔬菜销售环境	—	—	-3.341***	0.000	-1.435***	0.001
其他因素	年龄	0.033	0.189	0.030	0.296	0.065*	0.091
	性别	0.469	0.301	0.339	0.514	-0.104	0.886
	受教育程度	1.316***	0.000	1.434***	0.000	2.245***	0.000
	种植年限	-0.035	0.244	-0.073	0.051	-0.100**	0.055
	劳动力人数	0.085	0.467	0.039	0.794	0.183	0.226
	种植面积	0.042	0.507	-0.123	0.111	-0.031	0.778
	常数项	5.236	0.007	3.094	0.203	-0.081	0.980

注：***、**、*分别表示1%、5%、10%的显著性水平。

农户行为能力和农药残留检测显著促进农户生物农药有效施用行为，质疑心理和落后的销售环境对生物农药有效施用阻碍作用显著。

农户行为能力能够帮助农户建立掌握生物农药施用方法或者正确施用生物农药达到病虫害防治效果的信心，促进农户积极尝试施用生物农药。农药残留检测使得农户对农药施用外部性感知大大增强，同时农药残留检测不合格的惩罚措施也促进农户科学合理施药，对农户生物农药有效施用行为起到促进作用。农户质疑心理，如对生物农药不信任，考虑到生物农药施用注意事项多、见效慢、不能立刻防治病虫害，甚至还有农户认为生物农药是一种商家促销手段，更信任自己施用过的常规农药，质疑心理对生物农药施用起到阻碍作用。设施蔬菜落后的销售环境也不利于农户生物农药有效施用行为。目前用户施用生物农药，虽然改善了生态环境，保障了农产品质量安全，但是农产品价格并没有相应提升，农户施用生物农药将外部性内化为农户的生产经营成本，但是却没有得到相应补偿，所以应该重视增加施用生物农药的优质农产品的辨识度，强调品牌效应，真正实现"优质优价"，提高农户绿色生产效益。

6.4　实现"优质优价"的有效途径

综合本章研究结果发现，由于绿色农产品与常规农产品未形成合理差价，"优质优价"市场尚未形成阻碍了设施蔬菜种植户绿色生产的积极性。农户是否进行绿色生产，取决于农户的理性选择，只有当绿色生产方式降低的产量（或增加的投入）而减少的收益大于或等于绿色生产方式优质带来的优价所贡献的收益，农户才会从事农业绿色生产（周适等，2018）。"优质优价"的市场环境对农户积极施用绿色农业投入品，保证农产品质量安全，提升农产品品质具有重要的促进作用。本章内容通过分析具体路径并总结国外经验，探讨如何逐步实现农产品"优质优价"。

本书的"优质优价"主要针对农产品绿色生产而言，指通过绿色生产方式生产出来的农产品，在质量安全、农产品品质、环境影响方面优于常规农业生产方式生产的农产品，因此其价格也应该高于常规农业生产方式生产出来的农产品。随着城乡居民消费不断升级，居民良好的饮食理念逐步建立，对优质农产品的需求与日俱增，只有实现农产品真正"优质"，并构建农产品从"优质"走向"优价"的营销渠道，"优质优价"才能真正实现。

第一，完善标准体系、强化认证管理、健全监管体系，实现农产品真正"优质"。构建绿色生产标准化体系是实现农业绿色生产的有效途径，通过绿色生产标准化，制定绿色投入品和绿色农业技术的操作规范，确保农产品质量安全。强化认证管理，健全质量认证制度，统一认证标准，减少由于市场信息不对称导致的逆向选择。可以通过财政补贴、认证成本分摊等措施降低认证成本。同时，健全监管体系，加快农产品质量安全追溯管理平台的推广运用。

第二，采用多种形式的营销方式，构建农产品从"优质"走向"优价"的营销渠道。促进绿色农业合作组织发展，提高绿色农产品市场对接力度；通过公共机构（如学校食堂、医院餐厅等）采购支持绿色农产品销售，培养绿色农产品消费理念；发展食品"短链"，增加信息透明度，如都市型农业、可持续餐饮、巢状市场、生态农夫市集等。

"优质优价"实现路径如图6-1所示。

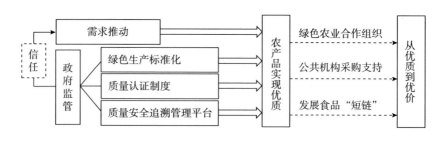

图6-1　"优质优价"实现路径

国际社会在如何实现农产品优质优价方面进行了较早的探索，积累了一定经验。

第一，政府推动统一明确的绿色食品标志。以日本为例，日本通过修订《日本物资规格化和质量表示标准法规》（简称JAS法）详细明确地规定了日本市场中农产品的分类及标志，分别为三年以上不施用化肥农药的有机食品、无农药栽培的农产品、无化肥栽培的农产品、减农药栽培的农产品、减化肥栽培的农产品。瑞士通过《有机标志法》，确立"生物标志"为统一的有机标志（付文飙等，2019）。

第二，确认质量认证制度并定期检查。日本规定未经有机认证（JAS）的食品，不允许使用"有机栽培""有机农产品"等容易混淆的词语，同时对经过有机认证的农产品进行定期检查，以保证农产品品质。瑞士也采取了"全年督查、全程检验、全权责任"的定期检查制度，以保证实现"优质优价"。欧盟通过成立独立的质量监督机构——食品标准局，进行质量监管。

第三，完善市场营销渠道。德国通过不同营销渠道区分绿色农产品和常规农产品，或者在有机农场直接开设商店，在市场开设"社区支持农业"，减少信息不对称性，实现优质优价；美国的果农成立了美国西部合作社，统一收购、包装；日本则有日本守护大地协会，该协会与生产者签订合同，确定农作物种类、种植面积等，向会员订购农产品，降低生产的不确定性，保证农产品品质。

总之，在消费者具有优质农产品需求、生产者收益不降低的前提下，农业绿色生产才能持续。统一明确的绿色食品标志、完善的质量认证和监管制度、透明的营销渠道对农产品实现"优质优价"具有重要的保障和促进作用。

6.5　本章小结

本章运用深度访谈法和 Logistic 回归分析法，对农户以生物菌肥和生物农药为代表的环境友好型农业投入品的施用意愿和行为进行了分析，并从农户个人因素和现实情境因素方面探讨了农户施用行为的影响因素，结论如下：

第一，农户生物菌肥和生物农药施用意愿和有效施用行为存在背离。农户对生产利润的追求，使得农户在农业生产中具有降低成本、规避风险等特征，对新型绿色投入品施用比较慎重。其中，48.13%的受访农户生物菌肥施用意愿和有效施用行为存在背离，41.42%的受访农户生物农药施用意愿和有效施用行为存在背离。

第二，收益追求、前景认知、生物菌肥施肥指导能够显著促进农户生物菌肥有效施用行为，未能实现"优质优价"的销售环境对农户生物菌肥施用起到显著阻碍作用；农户行为能力、农药残留检测能够显著促进农户生物农药有效施用行为，但质疑心理和未能实现"优质优价"的销售环境对农户生物农药有效施用行为起到显著阻碍作用。农户具有掌握绿色投入品施用方法的信心和能力、绿色投入品效果好、农户信任、能够提高农业生产效益、技术指导、能够实现"优质优价"的透明的销售环境都能够促进农户绿色投入品的进一步有效施用。

第三，通过对优质优价实现路径以及相关国际经验的分析，只有在消费者具有优质农产品需求、生产者收益不降低的前提下，农业绿色生产才能持续。统一明确的绿色食品标志、完善的质量认证和监管制度、透明的营销渠道对农产品实现优质优价具有重要的保障和促进作用。

第7章　农户绿色农业技术采用及效应评价

第6章我们以生物菌肥和生物农药为例，研究了农户绿色投入品施用行为，发现设施蔬菜农户绿色投入品施用意愿和有效施用行为存在背离。那么在农业生产绿色转型的另一个重要方面——绿色农业技术方面，农户采用情况如何？采用的绿色农业技术又对农业生产产生了怎样的经济效应和环境效应？本章将对此进行研究。从常理来看，绿色农业技术是具有环境正外部性的，但是否能够提高生产效率有待研究。从农户"理性经济人"的角度考虑，农户在做出是否采用绿色农业技术决策时，不可避免地要考虑成本、收益、风险等因素。一般情况下，一切有利于农业生态环境和农产品质量安全的农业技术都属于绿色农业技术，也就是说，即便一项农业技术既有利于农业生态环境，又有利于农产品质量安全，但是不利于农户生产收益提高，这项技术也属于绿色农业技术，换言之，农户成本收益并不是确定绿色农业技术的充分条件。本章的研究拟解决两个问题：其一，哪些因素显著影响农户采用绿色农业技术行为，不同绿色农业技术培训方式的具体影响如何？其二，农户采用的绿色农业技术经济效应和环境效应如何，能否显著提升农业生产效率，在多大程度上缓解了农业生产污染？

关于农户绿色农业技术采用的经济效应，本章以测土配方施肥技术和病虫害防控技术为例，研究了设施蔬菜生产中绿色农业技术的农户采用行为以及绿色农业技术对设施蔬菜种植户农业生产效率的影响。农户作为绿色农业技术的最终采用者，会对绿色农业技术的成本收益进行慎重考虑，如果绿色农业技术能够真正促进绿色农业生产降本增效，农户采用的积极性就会大大提高，这项绿色农业技术就能真正促进农业生态环境改善和农业生产效率提升。

关于绿色农业技术采用的环境效应，本章主要从绿色农业技术对降低农户化肥施用强度、提高农户生物菌肥施用强度、优化农户施肥结构的影响角度进行评价。设施蔬菜生产中的绿色农业技术种类很多，从生产过程来看，节肥型农业技术包括测土配方施肥技术、化肥替代技术、科学施药技术等，节药型农业技术包括科学施药技术、病虫害防控技术、生物农药技术等。在施肥方面，绿色农业技术的环境效应不仅表现为化肥施用强度的下降，更重要的是农户施肥结构的优化。例如，设施蔬菜生产中，包括科学施肥技术、测土配方施肥技术、水肥一体化技术、生物菌肥施用指导技术等内容的绿色农业技术通过优化农户施肥结构，改变农户对化肥的依赖，达到促进农业生产环境改善和农产品品质提升的目的。因此笔者从施肥方面的绿色农业技术的角度，通讨绿色农业技术对农户施肥强度和施肥结构的影响，考察了绿色农业技术的环境效应。

7.1 绿色农业技术采用及经济效应评价

绿色农业技术有利于农业生态环境和农产品质量安全，具有正外部性。农户作为"经济人"，在选择技术时不可避免地要考虑成本收益。对农户采用绿色农业技术进行经济效应分析，考察绿色农业技术对农户经济效率的影响，有利于决策制定者从农户角度制定绿色农业技术推广政策，推动农业绿色生产。本章在借鉴已有研究的基础上，以测土配方施肥技术和病虫害防控技术为例，首先对绿色农业技术的农户采用行为进行研究，其次运用 DEA-PSM（倾向得分匹配方法）进一步将采用绿色农业技术从其他影响设施蔬菜种植户农业生产效率的因素中独立出来，单独考察绿色农业技术采用的经济效应。

7.1.1 研究方法介绍

7.1.1.1 Logistic 回归分析法

农户是否采用绿色农业技术，是典型的二元选择变量，本章采用 Logistic 模型进行分析。模型的函数表达式分别为：

$$Y_1 = \alpha_0 + \sum_{i=1}^{n} \alpha_i x_i + \mu \tag{7.1}$$

$$Y_2 = \beta_0 + \sum_{i=1}^{n} \beta_i x_i + \varepsilon \tag{7.2}$$

其中，被解释变量 Y_1 和 Y_2 指农户测土配方施肥技术和病虫害防控技术采用行为，若农户采用行为发生，则 $Y_1 = 1$，$Y_2 = 1$。否则，$Y_1 = 0$，$Y_2 = 0$。α_0 和 α_i 分别为农户采用测土配方施肥技术模型截距项和解释变量的回归系数，β_0 和 β_i 分别为农户采用病虫害防控技术模型截距项和解释变量的回归系数，x_i 为影响农户采用绿色技术行为的因素，n 为解释变量的个数，μ 和 ε 为随机误差项。

7.1.1.2 DEA-PSM 分析法

研究农业生产效率使用的方法主要有两种：基于非参数的数据包络分析法（Data Envelopment Analysis，DEA）和基于参数的随机前沿生产函数法（Stochastic Frontier Approach，SFA）（郭军华等，2010）。数据包络分析法的优势在于不用提前确定生产函数或各个函数指标的权重，所以应用灵活，具有较强的客观性和适用性，常用于测算农业生产效率。数据包络分析法的应用主要分为两种：CCR 模型（规模报酬不变）和 BCC 模型（规模报酬可变）。在本章对设施蔬菜种植户生产效率的测算中，将设施蔬菜收入看作产出，将设施蔬菜种植的耕地投入、成本投入（包括肥料投入、农药投入、大棚设施投入）以及劳动时间看作投入。设施蔬菜生产投入是可控的，本章采用投入主导型的规模报酬可变模型（BCC）对农户设施蔬菜生产技术效率进行分析。对于 n 个决策单元，BCC 模型的具体线性规划形式为：

$$\text{Min}\theta^j$$

$$\text{s.t.} \begin{cases} \sum_{j=1}^{507} \lambda_j x_{m,j}; \quad m = 1,\ 2,\ 3 \\ \sum_{j=1}^{507} \lambda_j y_{n,j} \geqslant y_{n,j}; \quad n = 1 \\ \lambda_j \geqslant 0,\ j = 1,\ 2,\ \cdots,\ 507 \\ \sum_{j=1}^{507} \lambda_j = 1 \end{cases} \tag{7.3}$$

其中，θ^j 表示第 j 个设施蔬菜种植户的农业生产效率，x_j、y_j 分别表示第 j 个设施蔬菜种植户农业生产的投入和产出。农户农业生产效率投入向量有 3 个，产出向量有 1 个。λ_j 为第 j 个投入和产出的加权系数。θ^j 为生产效率值，取值在 0～1 之间，θ^j 值越接近于 1，农业生产效率越高，资源配置越优。

本章重点关注绿色农业技术对设施蔬菜农户生产效率的影响，因此我们采用倾向得分匹配法，对比采用绿色农业技术和未采用绿色农业技术的农户的生产效率差异。根据 Lee（2013）关于倾向匹配的研究，绿色农业技术对农户的平均影响（the Average Treatment Effect on the Treated，ATT），用公式定义为：

$$ATT = E\ (Y_1/T_i = 1)\ -E\ (Y_0/T_i = 1)\ = E\ (Y_i^1 - Y_i^0/T_i = 1) \qquad (7.4)$$

T_i 指是否采用绿色农业技术，Y_1 指采用绿色农业技术的农户农业生产效率，Y_0 指未采用绿色农业技术的农户农业生产效率。实验者参与项目和未参与项目之间的结果差值，简写为 ATE（Average Treatment Effect），ATE 可以用公式表示：

$$ATE = E\ (Y_1/T_i = 1)\ -E\ (Y_0/T_i = 0) \qquad (7.5)$$

$$ATE = E\ (Y_1/T_i = 1)\ -E\ (Y_0/T_i = 1)\ +E\ (Y_0/T_i = 1)\ -E\ (Y_0/T_i = 0) \qquad (7.6)$$

$$ATE = ATT + E\ (Y_1/T_i = 1)\ -E\ (Y_0/T_i = 0) \qquad (7.7)$$

事实上，设施蔬菜农户绿色农业技术采用是农户"自选择"的结果，不是随机发生的，农户会根据自身条件和资源禀赋选择是否采用绿色农业技术，农户是否采用绿色农业技术并不是随机均衡分布的，总会有一部分农户比另一部分农户更为积极。可以理解为，采用绿色农业技术的农户与未采用绿色农业技术的农户本来就有所不同。当是否采用绿色农业技术不是随机发生的行为时，$E\ (Y_1/T_i = 0)$ 并不等同于 $E\ (Y_0/T_i = 1)$。例如，如果农民的受教育程度越高或者种植规模越大，越倾向于采用绿色农业技术，那么两组农户之间存在的生产效率差异可能是由于受教育程度、种植规模以及绿色农业技术的影响。在不控制样本选择效果的情况下，这种情况会导致估计存在偏差。在随机对照试验（Randomized Control Trials，RCT）的过程中，分别设置对照组和实验组就可以估计 ATT。然而，本章无法提供这样的设计，倾向得分匹配方法（Propensity Score Matching，PSM）（Rosenbaum 和 Rubin，1983）克服了无法观测到的结果 $E\ (Y_0/T_i = 1)$，通过为每个采用绿色农业技术的农户匹配一个具有类似特征的未采用绿色农业技术的农户，构造一个统计比较组，本质上 PSM 模型创建了一个参与者和非参与者随机分配的实验，假设估计是无偏的，可以确定农业生产效率和绿色农业技术的关系。

7.1.2 数据来源与变量选择

本章所用研究数据主要来自对山东省寿光、青州两个县级市设施蔬菜农户绿色农业技术采用的实地调查，本章研究内容主要来自问卷的第一部分、第三部分和第四部分。第一部分内容为农户个人及家庭特征；第三部分内容为农户传统农业投入品和绿色农业投入品的施用情况，包括施用方法、用量、减施肥料农药意愿等；第四部分内容为农户农业技术采用行为，主要包括农户对各项绿色农业技术的采用意愿行为以及认知、掌握程度、放弃采用原因、对绿色农业技术效果的认可等。

综合已有研究的变量选择情况和山东设施蔬菜农户的基本种植情况，结合农业生产绿色转型影响机制研究，本章将从政府政策、技术便利、农户生态认知、农户个人特征、家庭特征等方面分析影响农户采用绿色农业技术的因素。变量选取情况：关于病虫害防控技术的农户采用行为，选取了农户个人特征（包括性别、年龄、受教育程度）、农户家庭特征（包括种植面积、农业劳动力、加入合作社）、农户技术便利（与乡镇距离、与县城距离）、政府政策（政府宣传、政府补贴）和生态认知（农业生态环境质量、减施农药化肥态度）共 12 个变量；关于测土配方施肥技术的农户采用行为，在此基础上，添加了测土配方施肥技术培训这个因素，共计 13 个变量，变量含义与赋值如表 7-1 所示。

表 7-1 变量含义与赋值

变量名称	变量含义与赋值	均值	标准差
因变量			
病虫害防控技术	未采用 = 0，采用 = 1	0.48	0.50
测土配方施肥技术	未采用 = 0，采用 = 1	0.32	0.47
自变量			
个人特征			
性别	女性 = 0，男性 = 1	0.66	0.47

续表

变量名称	变量含义与赋值	均值	标准差
年龄	周岁	50.43	33.25
受教育程度	1=未上过学，2=小学，3=初中， 4=高中或中专，5=大专或大学及以上	2.98	0.71
家庭特征			
种植面积	亩	19.13	8.43
农业劳动力	人	2.55	2.28
加入合作社	否=0，是=1	0.11	0.30
技术便利			
与乡镇距离	千米	2.32	2.32
与县城距离	十米	16.78	6.25
政府政策			
测土配方施肥技术培训 （政府主导）	无=0，有=1	0.40	0.49
政府宣传	无=0，有=1	0.86	0.34
政府补贴	无=0，有=1	0.06	0.24
生态认知			
农业生态环境质量	1=不好，2=一般，3=好	2.24	0.64
减施农药化肥态度	0=不愿意，1=愿意	0.98	0.15

设施蔬菜生产效率主要受自然条件和社会条件影响，自然条件包括土壤质量、温度、光照在内的气候条件等，社会条件包括种植规模、农业生产技术、生产资料投入等。设施蔬菜生产选取的主要投入指标：①耕地投入，指上一整年设施蔬菜的种植面积。②资本投入，指设施蔬菜生产费用的总和，包括大棚维护费用、种苗费用、化肥投入、农药投入以及雇工费等。③劳动力投入，指设施蔬菜从生产到收获各个环节实际投入的劳动力时间的总和。本章选取的产出是指该农户上一年设施蔬菜总产值。表 7-2 总结了设施蔬菜投入产出指标的主要特征。

表 7-2   投入产出指标说明

指标类型	均值	标准差	最大值	最小值
耕地投入（亩）	2.98	2.05	17.00	0.30

续表

指标类型	均值	标准差	最大值	最小值
资本投入（万元）	3.64	2.75	30.00	0.10
劳动力投入（天）	232.75	170.80	900.00	0.00
设施蔬菜产值（万元）	10.19	5.84	40.00	1.00

7.1.3 绿色农业技术农户采用行为分析

对病虫害防控技术和测土配方施肥技术的农户采用行为的研究结果表明（见表7-3）：政府宣传和政府补贴等政策激励因素对病虫害防控技术的农户采用行为具有显著促进作用，另外，男性、较为年轻、与乡镇距离越近、与县城距离越近、认为农业生态环境质量不好这些因素对促进农户采用病虫害防控技术也具有积极影响。关于测土配方施肥技术，政府补贴和政府主导的测土配方施肥技术培训对农户采用测土配方施肥技术具有显著影响。总体而言，政策激励对农户绿色农业技术采用行为具有显著积极影响。

表7-3 绿色农业技术采用行为分析

指标名称	病虫害防控技术		测土配方施肥技术	
	系数	P 值	系数	P 值
性别	0.397*	0.066	0.221	0.359
年龄	-0.019*	0.095	-0.015	0.238
受教育程度	-0.188	0.198	0.230	0.159
种植面积	0.000	0.996	0.002	0.892
农业劳动力	-0.038	0.415	-0.077	0.403
加入合作社	0.103	0.756	-0.225	0.521
与乡镇距离	-0.133**	0.048	-0.063	0.260
与县城距离	-0.072***	0.000	-0.017	0.340
测土配方施肥技术培训	—	—	1.413***	0.000
政府宣传	1.155***	0.001	0.139	0.701
政府补贴	0.939**	0.034	1.246***	0.007
农业生态环境质量	-0.221***	0.004	-0.085	0.330

续表

指标名称	病虫害防控技术		测土配方施肥技术	
	系数	P 值	系数	P 值
减施农药化肥态度	0.419	0.544	1.170	0.300
常数项	1.349	0.226	−2.320	0.119

注：＊＊＊、＊＊、＊分别表示在1%、5%、10%的水平上显著。

7.1.4 绿色农业技术对农业生产效率的影响分析

上一小节中研究发现，农户绿色农业技术采用行为受政策激励影响很大，那么绿色农业技术对农户生产效率的影响如何，本小节将对这一问题进行研究。

运用软件 DEAP2.1 对 507 位设施蔬菜种植农户的生产技术效率进行测算，结果如表7-4所示。整体而言，设施蔬菜种植户农业生产技术效率值在 0.136~1.0，设施蔬菜种植户农业生产技术效率均值为 0.443，说明在其他条件不变的前提下，设施蔬菜生产技术效率还有 55.7%的增长空间。具体来看，31.36%的农户技术效率值介于 0.3~0.4，其次 22.09%的农户技术效率值介于 0.4~0.5，说明设施蔬菜生产技术效率不高。另外，设施蔬菜种植区域间差异明显，寿光、青州生产技术效率均值分别为 0.340、0.602，青州设施蔬菜生产技术效率均值高于寿光。

表 7-4 农户设施蔬菜生产效率总体情况及区域比较

效率分组	总体		寿光		青州	
	户数	比例（%）	户数	比例（%）	户数	比例（%）
(0.1, 0.2]	11	2.17	6	3.03	5	1.62
(0.2, 0.3]	77	15.19	29	14.65	48	15.53
(0.3, 0.4]	159	31.36	63	31.82	96	31.07
(0.4, 0.5]	112	22.09	42	21.21	70	22.65
(0.5, 0.6]	81	15.98	28	14.14	53	17.15
(0.6, 0.7]	26	5.13	3	1.52	23	7.44
(0.7, 0.8]	19	3.75	6	3.03	13	4.21
(0.8, 0.9]	6	1.18	5	2.53	1	0.32

效率分组	总体		寿光		青州	
	户数	比例（%）	户数	比例（%）	户数	比例（%）
(0.9, 1.0]	16	3.16	16	8.08	0	0.00
最大值	1		1		1	
最小值	0.136		0.194		0.136	
均值	0.443		0.340		0.602	
样本数	507		198		309	

从均值来看，青州设施蔬菜生产技术效率要高于寿光，青州、寿光自然条件差异不大，青州作为设施蔬菜种植新兴地区，吸收了蔬菜种植的先进管理经验，避免传统区域弊端，进行了投入产出调整，实现了资源的较优配置，因此技术效率均值要高于传统蔬菜种植区域。不过，农业技术效率在0.8以上的设施蔬菜种植农户寿光占比要大大高于青州占比，说明寿光由于设施蔬菜种植较早，还是发展出了一批管理技能较强、生产技术效率较高的设施蔬菜种植农户。

在分析绿色农业技术对生产效率的影响之前，先对采用绿色农业技术（病虫害防控技术和测土配方施肥技术）的设施蔬菜种植户与未采用绿色农业技术（两项技术均不采用）的设施蔬菜种植户的农业生产效率进行了比较分析。根据是否采用绿色农业技术，把设施蔬菜种植户分为两组：采用绿色农业技术的设施蔬菜种植户为"处理组"，未采用绿色农业技术的设施蔬菜种植户为"对照组"。通过对调研数据的整理，发现采用病虫害防控技术和测土配方施肥技术的设施蔬菜种植户各有243户、157户，未采用病虫害防控技术和测土配方施肥技术的设施蔬菜种植户各有264户、350户。从调研数据均值的角度对绿色农业技术采用对农户蔬菜生产效率的影响作初步分析，如表7-5所示。

表7-5　处理组与对照组变量均值对比

指标名称	病虫害防控技术		测土配方施肥技术	
	处理组	对照组	处理组	对照组
生产效率	0.445	0.441	0.445	0.443
性别	1.706	1.615	1.713	1.634

续表

指标名称	病虫害防控技术		测土配方施肥技术	
	处理组	对照组	处理组	对照组
年龄	47.935	52.767	47.822	51.603
受教育程度	2.955	3.004	3.064	2.943
种植面积	19.098	19.165	19.205	19.100
农业劳动力	2.453	2.641	2.484	2.580
加入合作社	0.115	0.092	0.135	0.089
与乡镇距离	2.082	2.540	2.140	2.398
与县城距离	15.218	18.236	16.429	19.963
测土配方施肥技术培训	—	—	0.656	0.277
政府宣传	0.942	0.790	0.917	0.839
政府补贴	0.088	0.034	0.123	0.032
农业生态环境质量	2.267	2.218	2.357	2.190
减施农药化肥态度	0.979	0.977	0.987	0.974

通过对处理组和对照组的设施蔬菜生产效率及农户特征进行初步比较，发现：①病虫害防控技术变量均值：处理组（采用病虫害防治技术）农户的生产效率均值为 0.445，高于对照组（未采用病虫害防控技术）的均值 0.441；处理组和对照组各项指标存在差异，最为明显的为年龄变量，从表中数据可以看出采用病虫害防治技术的设施蔬菜种植户年龄均值要小于未采用病虫害防治技术的设施蔬菜种植户年龄均值。②测土配方施肥技术变量均值：处理组（采用测土配方施肥技术）农户的生产效率均值为 0.445，高于对照组（未采用测土配方施肥技术）的均值 0.443；处理组和对照组各项指标存在差异，年龄、测土配方施肥技术培训存在较为明显的差异，从表中数据可以看出采用测土配方施肥技术的设施蔬菜种植户年龄均值要小于未采用测土配方施肥技术的设施蔬菜种植户年龄均值，采用测土配方施肥技术的设施蔬菜种植户技术培训均值要大于未采用测土配方施肥技术的设施蔬菜种植户技术培训均值。

PSM 实证结果分析：在对农户绿色农业技术采用行为进行估计以后，采用最近邻居法进行倾向评分匹配，匹配结果如表 7-6 所示。估计结果显示，不管是病虫害防控技术还是测土配方施肥技术，对设施蔬菜生产技术效率影响均并不显著。

表7-6　绿色农业技术采用的 PSM 估计结果

绿色农业技术	变量	处理效应	处理组	对照组	ATT	T 值
病虫害防控技术		匹配前	0.445	0.441	0.004	0.290
		匹配后	0.445	0.437	0.008	0.350
	技术效率					
测土配方施肥技术		匹配前	0.445	0.443	0.001	0.070
		匹配后	0.445	0.454	−0.010	−0.330

　　本章进一步采用半径匹配法和核匹配法检验病虫害防控技术和测土配方施肥技术对农户设施蔬菜生产技术效率的影响。表7-7 的估计结果显示，关于病虫害防治技术，半径配比法和核匹配法估算的结果说明病虫害防控技术对农业技术效率影响不大；关于测土配方施肥技术，半径配比法和核匹配法估算结果说明测土配方施肥技术对农户生产技术效率作用不大。总之，在控制了样本选择性偏误之后，采用病虫害防控技术和测土配方施肥技术对农户设施蔬菜生产技术效率的影响均不显著。

表7-7　其他方法的匹配检验结果

绿色农业技术	方法	处理效应	处理组	对照组	ATT	T 值
病虫害防控技术	半径匹配法	匹配前	0.445	0.441	0.004	0.290
		匹配后	0.448	0.428	0.020	0.970
	核匹配法	匹配前	0.445	0.441	0.004	0.290
		匹配后	0.445	0.442	0.003	0.200
测土配方施肥技术	半径匹配法	匹配前	0.445	0.443	0.001	0.070
		匹配后	0.451	0.451	−0.000	−0.000
	核匹配法	匹配前	0.445	0.443	0.001	0.070
		匹配后	0.445	0.446	0.000	0.000

本章研究发现：政府的政策激励对农户采用绿色农业技术影响很大，其中政府宣传、政策补贴对农户病虫害防控技术的采用促进作用显著，政策补贴、政府主导的技术培训对农户采用测土配方施肥技术促进作用显著。然而，以病虫害防控技术和测土配方施肥技术为代表的绿色农业技术均未能显著提升农户设施蔬菜生产技术效率。对此，根据相关经济理论和调研实际情况做出如下解释：

病虫害防控技术和测土配方施肥技术，作为促进农户合理施药、科学施肥的技术，对于改善农业生态环境、保证农产品品质具有积极影响。农户采用病虫害防控技术和测土配方施肥技术是具有正外部性的。但如果单纯从经济效率的角度看，绿色农业技术未必具有经济效率，病虫害防控技术需要农户采用色板、杀虫灯等物理防控措施诱杀害虫，测土配方施肥技术需要农户花费时间精力测土配方、施用配方肥，用肥节约技术提升农业生产效率还需探讨。推广绿色农业技术，真正实现绿色农业技术的降本增效功能，是推动农户积极采用绿色农业技术，实现农业绿色生产的关键。

7.2 绿色农业技术环境效应评价

本章以测土配方施肥技术和病虫害防控技术为例，分析了绿色农业技术对设施蔬菜种植户生产效率的影响，发现以测土配方施肥技术和病虫害防控技术为代表的绿色农业技术经济效应不显著，未能显著提升农业生产效率。那么绿色农业技术的环境效应如何，在减少农业生产污染方面效果怎样？

关于绿色农业技术在促进农户绿色生产方面，很多研究从测土配方施肥技术对农户化肥施用强度影响的角度进行了研究。然而，调研过程中发现，设施蔬菜生产中施肥方面的绿色农业技术包括科学施肥技术、测土配方施肥技术、水肥一体化技术、生物菌肥施用指导等，同时农户的施肥强度和施肥结构受这些绿色农业技术的共同影响，因此，本章从绿色农业技术的整体角度出发，考察了绿色农业技术对农户施肥强度的影响，探索绿色农业技术对农户施肥结构的影响，分析绿色农业技术的环境效应（这里的绿色农业技术包括和施肥有关的所有绿色技术）。另外需要补充说明的是，由于农户对农药施用量估计不准，调研难度较大，笔者未从实证角度研究施药方面的绿色农业技术（如病虫害防控技术、科学施药技术）对农户施药强度以及施药结构的影响。

在农业资源环境不断恶化的背景下，绿色农业技术对增强农业可持续发展能力意义重大。绿色农业技术和农户施肥强度之间的关系比较复杂，在具有不同自然和社会经济特征的农村地区，情况差异很大，例如，在设施蔬菜大量种植的山东寿光、青州地区，传统种植农户和新一代种植农户之间的受教育年限、种植经验、新技术接受能力差别很大。应该对绿色农业技术对农户施肥强度和施肥结构的影响进行重新评估。在已有研究的基础上，本章研究首先对山东省寿光和青州的设施蔬菜农户按照是否采用过绿色农业技术分为两组，对比分析了两组农户的化肥施肥强度和生物菌肥施肥强度；其次采用倾向得分匹配法，把绿色农业技术从其他影响农户施肥强度的社会经济因素中独立出来，单独考察了绿色农业技术对农户施肥强度的影响。

7.2.1 受访农户施肥强度对比分析

表 7-8 总结了采用绿色农业技术和未采用绿色技术的农户化肥施用强度和生物菌肥施用强度，这里的施用强度指的是折纯量。根据表 7-8 的结果显示，绿色农业技术对肥料施用强度有明显影响。根据国家统计局的数据，2016 年山东省的农用化肥折纯量是 456.46 万吨，山东省耕地面积为 11426.3 万亩，平均化肥施用折纯量为 39.95 千克/亩。

从化肥施肥强度来看，受访农户的化肥施用强度都超过了山东省的平均水平。采用绿色农业技术的农户比未采用绿色农业技术的农户化肥施用强度均值降低了 19.15%。同时，采用绿色农业技术的农户比未采用绿色农业技术的农户化肥施肥强度更为稳定一些。

从生物菌肥施用强度来看，采用绿色农业技术的农户生物菌肥的施用强度是未采用绿色农业技术的农户的 2.09 倍。绿色农业技术对农户的生物菌肥施用有促进作用。另外，农户间的生物菌肥施用情况差别很大。

表 7-8 不同类别农户的肥料施用强度

类别	化肥施用强度（千克/亩/年）		生物菌肥施用强度（千克/亩/年）	
	均值	标准差	均值	标准差
采用绿色农业技术	44.36	10.14	47.99	80.42
未采用绿色农业技术	54.87	14.00	22.93	58.88

7.2.2 数据来源与研究方法

本章所用研究数据主要来自对山东省寿光、青州两个县级市设施蔬菜农户绿色农业技术采用的实地调查，本章的研究内容主要来自问卷的第一部分、第三部分和第四部分。第一部分内容为农户个人及家庭特征；第三部分内容为农户传统农业投入品和绿色农业投入品的施用情况，包括施用方法、用量、减施肥料农药意愿等；第四部分内容为农户农业技术采用行为，主要包括农户对各项绿色农业技术的采用意愿行为以及认知、掌握程度、放弃采用原因、对绿色农业技术效果的认可等。

由于农户施肥强度除受到绿色农业技术的影响之外，还可能受其他因素影响，笔者试图将绿色农业技术从其他影响农户施肥强度的因素中独立出来，采用强项得分匹配法单独考察绿色农业技术对农户施肥强度的具体影响。根据 Lee（2013）关于倾向匹配的研究，项目对参与者的平均影响（the Average Treatment Effect on the Treated，ATT），用公式定义为：

$$ATT = E(Y_1/I_i = 1) - E(Y_0/I_i = 1) = E(Y_i^1 - Y_i^0/I_i = 1) \tag{7.8}$$

其中，I_i 指是否采用绿色农业技术，Y_1 指采用绿色农业技术的农户施肥强度，Y_0 指同一部分农户未采用绿色农业技术的施肥强度。

实验者参与项目和未参与项目之间的结果差值，简写为 ATE（Average Treatment Effect），ATE 可以用公式表示：

$$ATE = E(Y_1/I_i = 1) - E(Y_0/I_i = 0) \tag{7.9}$$

$$ATE = E(Y_1/I_i = 1) - E(Y_0/I_i = 1) + E(Y_0/I_i = 1) - E(Y_0/I_i = 0) \tag{7.10}$$

$$ATE = ATT + E(Y_1/I_i = 1) - E(Y_0/I_i = 0) \tag{7.11}$$

如果是否采用绿色农业技术是随机的，绿色农业技术采用变量与肥料施用强度将会是独立的。然而，实际情况是农户是否采用绿色农业技术并不是随机的，会有一部分农户比其他农户更加积极。换言之，采用绿色农业技术的农户与未采用绿色农业技术的农户是有所不同的。当是否采用绿色农业技术不是随机发生的行为时，$E(Y_1/I_i=0)$ 并不等同于 $E(Y_0/I_i=1)$。例如，如果农民的受教育程度越高，越倾向于采用绿色农业技术，那么两组农民之间可能存在的肥料施用强度的差异可能是由于受教育程度和绿色农业技术的影响。在不控制样本选择效果的情况下，这种情况会导致估计存在偏差。

在随机对照试验（Randomized Control Trials，RCT）的过程中，分别设置对照组和实验组就可以估计 ATT。然而，由于农户的特征以及是否采用绿色农业技术无法提前设置，本章使用倾向分数匹配方法（Propensity Score Matching，PSM）（Rosenbaum 和 Rubin，1983）克服无法观测到的结果 $E(Y_0/I_i=1)$。PSM 方法通过为每个采用绿色农业技术的农户匹配一个具有类似特征的未采用绿色农业技术的农户，构造一个统计比较组。本质上，PSM 模型创建了一个参与者和非参与者随机分配的实验，假设估计是无偏的，可以确定采用绿色农业技术和肥料施用强度的关系。

本章利用倾向得分匹配法对采用绿色农业技术和未采用绿色农业技术的农户进行匹配。匹配方法有核匹配法（Kernel-based Matching Method，KBM）、半径匹配法（Radius Caliper Matching Method，RM）、最近邻匹配法（Nearest Neighbor Matching Method，NNM）。根据类似度对采用绿色农业技术和未采用绿色农业技术的农户进行匹配，确保采用绿色农业技术和未采用绿色农业技术的农户分布在相同的区域。

7.2.3 绿色农业技术对农户施肥强度的影响

利用不同匹配法计算绿色农业技术对于农户施肥强度的影响，结果如表 7-9 所示。此处需要说明的是，绿色农业技术的倾向得分计算和 7.1 小节中测土配方施肥技术的农户采用行为，以及 7.3 小节关于技术培训的农户参与行为多有重复，且不是本章重点研究内容，故省略。排除了其他因素影响后，不管采用哪种匹配方法，绿色农业技术对农户施肥强度都具有 1% 水平上的显著影响。绿色农业技术能够显著降低化肥施用强度，提高生物菌肥的施用强度，因此环境效应显著。绿色农业技术对于优化农户施肥结构、改善农业生态环境效果显著。

对于化肥施用强度和生物菌肥施用强度，采用不同匹配法所计算的效应有所差别。其主要原因是不同匹配算法产生了不同支撑区域，导致采用绿色农业技术的农户和未采用绿色农业技术的农户匹配上的差异。将不同匹配算法得到的效应进行平均，得到平均效应。化肥施用强度和生物菌肥施用强度不同匹配算法的平均效应分别为-9.410、25.509。利用一般统计效应对应的效应为-9.55、27.00（一般统计效应是采用绿色农业技术的农户施肥强度的算数平均值减去未采用绿色农业技术的农户施肥强度的算数平均值），一般描述统计方法高估了绿色农业技术对农户施肥强度的影响。倾向得分匹配法将其他影响农户施肥强度的影响因素剔除掉，单独考虑绿色农业技术对农户施肥强度的影响，估计结果具有了更高的可信度。

表 7-9 绿色农业技术对农户施肥强度的影响

匹配方法	化肥施用强度			生物菌肥施用强度		
	效应	Bootstrap 标准误	P 值	效应	Bootstrap 标准误	P 值
最近邻匹配法（NNM）	-9.379	1.517	0.000	26.061	7.344	0.000
半径匹配法（RM）	-9.082	1.463	0.000	25.413	6.767	0.000
核匹配法（KBM）	-9.770	1.171	0.000	25.052	6.278	0.000

7.2.4 不同匹配法的匹配质量分析

表 7-10 对不同匹配法的匹配质量进行了分析。采用半径匹配法时，关于农户化肥施用强度的匹配质量大幅度提高，平均标准偏差下降到了 2.3，而采用最近邻匹配法后，关于农户生物菌肥施用强度的匹配质量大幅度提高，平均标准偏差下降到了 3.9。匹配过程对绿色农业技术采用农户和未采用农户的特征进行了较优平衡。

进行匹配前关于两个变量的 R^2 的统计结果分别为 0.076、0.077，通过不同方法匹配之后，R^2 均有不同程度的下降。R^2 值越小，说明匹配后，变量在采用绿色农业技术农户和未采用绿色农业技术农户之间的差异越小，匹配效果越好。因此，最近邻匹配法和半径匹配法要优于核匹配法。

利用不同方法匹配后对 P 值进行重新估算并与匹配前进行比较，P 值均有不同程度提高。采用最近邻匹配法和半径匹配法匹配后的 P 值很大，接近 1，说明采用最近邻匹配法和半径匹配法匹配后，变量在采用绿色农业技术农户和未采用绿色农业技术农户之间的差异很小。

表 7-10　不同匹配法的匹配质量

		质量指标	化肥施用强度	生物菌肥施用强度
匹配前		平均标准偏差	16.300	16.600
		Pseudo-R^2	0.076	0.077
		P value of LR	0.000	0.000
匹配后	最近邻匹配法（NNM）	平均标准偏差	3.200	3.900
		Pseudo-R^2	0.003	0.006
		P value of LR	0.998	0.984
	半径匹配法（RM）	平均标准偏差	2.300	16.600
		Pseudo-R^2	0.002	0.003
		P value of LR	1.000	0.999
	核匹配法（KBM）	平均标准偏差	10.400	10.400
		Pseudo-R^2	0.044	0.043
		P value of LR	0.004	0.006

表 7-11 列出了不同匹配法在共同支撑区域导致绿色农业技术采用农户数损失，结果显示，最近邻匹配法和核匹配法损失率最小，在化肥施用强度的测算过程中只有 4.15% 的农户损失，在生物菌肥施用强度的测算过程中有 4.53% 的农户损失。半径匹配法损失的农户较多，在化肥施用强度的测算过程中有 6.85% 的农户损失，在生物菌肥施用强度的测算过程中有 7.61% 的农户损失。

表 7-11　农户数损失统计

	化肥施用强度			生物菌肥施用强度		
	匹配前	匹配后	损失率（%）	匹配前	匹配后	损失率（%）
最近邻匹配法（NNM）	482	462	4.15	486	464	4.53
半径匹配法（RM）	482	449	6.85	486	449	7.61
核匹配法（KBM）	482	462	4.15	486	464	4.53

本小结的研究表明：通过对以化肥为代表的传统肥料和以生物菌肥为代表的绿色肥料的农户施肥对比分析，发现绿色农业技术对降低化肥施用强度，提高生物菌肥施用强度具有积极影响。进一步通过倾向得分匹配法排除其他因素的影响，单独对绿色农业技术的环境效应进行考察，确定了绿色农业技术的环境正效应。不同匹配方法均证明绿色农业技术的环境正效应显著，肯定了绿色农业技术在降低化肥施用强度，提高生物菌肥施用强度，优化农户施肥结构方面的积极作用。

7.3 绿色农业技术培训方式研究

研究发现绿色农业技术的环境效应显著，结合农户调研内容，发现施肥方面的绿色农业技术培训主要分为两种形式：课堂培训和田间指导，本章将课堂培训和田间指导对农户施肥强度和施肥结构的影响进行了对比研究，并补充了农户参与两种绿色农业技术培训的行为研究，根据这些影响因素可以更有针对性地对农户进行技术培训，优化技术培训路径，提高技术培训效果。

7.3.1 培训方式对农户施肥强度的具体影响

表7-12总结了不同分组农户的化肥施用强度和生物菌肥施用强度，这里的化肥施用强度指的是折纯量。表7-12的结果显示农户知识培训参与方式不同，肥料施用强度会明显不同。根据国家统计局的数据，2016年山东省的农用化肥折纯量是456.46万吨，山东省耕地面积为11426.3万亩，平均化肥施用折纯量为39.95千克/亩。

从化肥施肥强度来看，受访农户的化肥施用强度都超过了山东省的平均水平。同时，参与过课堂培训和田间指导的农户化肥施用强度最低，比未参与课堂培训和田间指导的农户的化肥施用强度降低了22.82%。课堂培训和田间指导都可以降低化肥施用强度，其中田间指导比课堂培训在降低农户化肥施用强度的效果上更好。未参与课堂培训和田间指导的农户施肥强度也不稳定，标准差较大。

从生物菌肥施用强度来看，同时参与过课堂培训和田间指导的农户生物菌肥的施用强度是未参与课堂培训和田间指导的农户的 2.14 倍。无论是课堂培训还是田间指导，对农户的生物菌肥施用都有促进作用，田间指导对于农户生物菌肥的推广效果更好。

表 7-12　参与不同类别技术培训农户的肥料施用强度

类别	化肥施用强度（千克/亩/年）		生物菌肥施用强度（千克/亩/年）	
	均值	标准差	均值	标准差
培训 & 田间指导（n=127）	43.09	9.45	54.73	87.40
田间指导（n=28）	44.50	10.55	50.70	70.37
课堂培训（n=72）	47.83	10.65	33.94	67.29
未培训（n=280）	55.83	10.73	25.58	56.20

7.3.2　数据来源、模型构建与变量选择

本章所用研究数据主要来自对山东省寿光、青州两个县级市设施蔬菜农户绿色农业技术采用的实地调查。

传统的课堂培训和田间指导对农户化肥和生物菌肥的施用行为具有不同影响，本章将对传统的课堂培训和田间指导的影响因素进行分析。参考有关学者研究和对设施蔬菜种植的调研情况，将影响设施蔬菜种植户参与课堂培训和田间指导的因素归纳为农户个体特征变量、农户经营状况变量、外部环境变量、农户生态认知变量，共计 15 个解释变量。农户是否参加过关于施肥的课堂培训和田间指导，是典型的二元选择变量，本章采用 Logistic 模型进行分析。

模型的函数表达式分别为：

$$Y_1 = \alpha_0 + \alpha'_1 X_1 + \mu \tag{7.12}$$

$$Y_2 = \beta_0 + \beta'_1 X_2 + \varepsilon \tag{7.13}$$

其中，被解释变量 Y_1 为农户参与课堂培训行为，若农户参与过课堂培训，$Y_1=1$，若农户没有参与过课堂培训，$Y_1=0$。被解释变量 Y_2 为农户参与田间指导

行为，若农户参与过田间指导，$Y_2 = 1$，若农户没有参与过田间指导，$Y_2 = 0$。X_1 和 X_2 为影响农户参与课堂培训和田间指导的各变量，分别指农户个体特征变量、农户经营状况变量、外部环境变量、农户生态认知变量。α_0 为课堂培训模型的常数项，α'_1 为课堂培训模型各因素的回归系数。β_0 为田间指导模型的常数项，β'_1 田间指导模型各因素的回归系数。

7.3.3　变量描述与分析

（1）农户个体特征变量。农户个体特征变量包括农户性别、年龄、受教育程度、是否担任村干部、是否加入合作社。一般而言，男性、年龄较小、文化程度较高、担任村干部、加入合作社有利于农户参与课堂指导和田间培训。

（2）农户经营状况变量。农户经营状况变量包括种植年限、劳动力、每亩蔬菜大棚的农业收入、种植规模、土壤等级。一般而言，种植年限越长、劳动力越多、每亩蔬菜大棚的农业收入越多，种植规模越大，意味着农户设施蔬菜种植专业化程度较高，农户越可能参加课堂培训和田间指导。土地质量对农户参与课堂培训和田间指导的影响方向不确定。

（3）外部环境变量。外部环境变量包括与肥料经销商距离、与乡镇距离、与县城距离。一般而言，与肥料经销商距离越近，农户参加课堂培训和田间指导越便利。与乡镇距离和与县城距离对农户参与行为影响方向不确定。

（4）农户生态认知变量。农户生态认知变量包括土壤质量提升、生态环境满意度。如果农户期望土壤肥力提升，对生态环境不满意，参与课堂培训和田间指导的积极性就越大。变量与赋值如表 7-13 所示。

表 7-13　变量的选取与描述性统计分析

变量代码	变量定义与赋值	均值	标准差	预期方向
Y_1	是否参与过课堂培训：0 = 否，1 = 是	0.40	0.24	—
Y_2	是否参与过田间指导：0 = 否，1 = 是	0.31	0.21	—
	农户个体特征			
X_1	性别：0 = 女，1 = 男	0.66	0.47	正向/正向
X_2	年龄（周岁）	50.43	33.25	负向/负向

变量代码	变量定义与赋值	均值	标准差	预期方向
X₃	受教育程度：1=未上过学，2=小学，3=初中，4=高中或中专，5=大专或大学及以上	2.98	0.71	正向/正向
X₄	是否担任村干部：0=否，1=是	0.07	0.26	正向/正向
X₅	是否加入合作社：0=否，1=是	0.10	0.30	正向/正向
农户经营状况				
X₆	种植年限（年）	19.13	8.43	正向/正向
X₇	劳动力（人）	2.55	2.28	正向/正向
X₈	每亩蔬菜大棚的农业年收入（万元/亩）	2.74	11.07	正向/正向
X₉	种植规模（亩）	5.92	3.56	正向/正向
X₁₀	土地等级：1=低等，2=中等，3=优等	1.62	0.32	不确定/不确定
外部环境				
X₁₁	与肥料经销商距离（千米）	1.99	2.92	负向/负向
X₁₂	与乡镇距离（千米）	2.32	2.23	不确定/不确定
X₁₃	与县城距离（千米）	16.78	6.25	不确定/不确定
农户生态认知				
X₁₄	最近五年，土壤肥力是否有提升：0=否，1=是	0.65	0.23	正向/正向
X₁₅	生态环境满意度：1=非常低，2=较低，3=一般，4=较高，5=非常高	2.34	1.93	负向/负向

7.3.4 农户参与课堂培训和田间指导行为研究

运用 Logistic 模型对农户参与课堂培训和田间指导行为进行分析，具体结果如表 7-14 所示。

表 7-14 农户参与施肥课堂培训和田间指导结果分析

变量	课堂培训（系数）	课堂培训（P 值）	田间指导（系数）	田间指导（P 值）
性别	0.376	0.102	0.425*	0.076
年龄	−0.001	0.929	0.003	0.828
受教育程度	−0.004	0.980	−0.054	0.737

续表

变量	课堂培训（系数）	课堂培训（P 值）	田间指导（系数）	田间指导（P 值）
村干部	−0.238	0.567	0.522	0.189
合作社	1.740***	0.000	0.891***	0.007
种植年限	0.039*	0.009	0.030	0.043
劳动力	−0.029	0.659	−0.013	0.850
农业收入	0.033	0.324	−0.033	0.349
种植规模	−0.026	0.425	0.018	0.587
土壤等级	0.335*	0.076	0.218	0.254
与肥料经销商距离	−0.079	0.102	−0.118*	0.062
与乡镇距离	0.006	0.911	0.027	0.631
与县城距离	−0.015	0.376	−0.030*	0.092
土壤质量提升	1.300***	0.000	1.054***	0.000
生态环境满意度	−0.263***	0.001	−0.163**	0.048
常数项	−2.251	0.030	−2.336	0.030

注：***、**和*分别表示 t 统计量在 1%、5% 和 10% 的统计水平上显著。

（1）农户个体特征影响分析。加入合作社对农户参与课堂培训具有显著的正向影响，男性农户、加入合作社这两个特征对于农户参与田间指导具有正向影响。合作社帮助农户更为便利地获取培训信息，同时加入合作社能够促进农户之间的沟通交流，加入合作社的农户具有信息便利优势。男性农户比女性农户参与田间指导的可能性大，可能的原因是男性农户接受新技术的能力和实际操作能力较强。

（2）农户经营状况影响分析。种植年限和土壤等级对农户参与传统的课堂培训具有显著的正向影响。种植年限越长，农户生产经验越丰富，参与课堂培训的可能性就越大。土壤等级较高的农户对于参与课堂培训更为积极，可能原因是土壤质量较好，农户追求生产收益的积极性更高，参与课堂培训就更积极。

（3）外部环境影响分析。与肥料经销商的距离和与县城的距离对农户参与田间指导具有显著的负向影响。与肥料经销商和县城距离越远，农户获取信息和参与难度越大，参与田间指导的可能性就越小。

（4）农户生态认知影响分析。土壤质量提升对农户参与课堂培训和田间指导具有显著的正向作用，土壤质量提升激励农户积极参与课堂培训和田间指导，进一步改善土壤质量，提高生产效益。农户对生态环境满意度越低，参加课堂培训和田间指导就越积极。

研究表明，课堂培训和田间指导两种不同的技术培训方式对优化农户施肥结构都具有积极影响，对降低农户化肥施用强度、提高农户生物菌肥施用强度都具有积极作用。其中，田间指导在降低农户化肥施用强度、提高生物菌肥施用强度的效果上更好。加入合作社、土壤等级高、土壤质量提升能显著促进农户参与课堂培训；男性农户、加入合作社的农户参加田间指导的可能性更大；农户对生态环境的满意度越低，越可能参加课堂培训和田间指导；但与肥料经销商和县城的距离越远，参与田间指导的可能性就越小。

7.4 本章小结

本章利用山东省设施蔬菜农户调研数据，首先，以测土配方施肥技术和病虫害防控技术为例，研究了绿色农业技术的农户采用行为以及采用的经济效应；其次，研究了绿色农业技术培训对农户施肥强度和施肥结构的影响，评价了绿色农业技术的环境效应；最后，补充了两种农业技术培训方式（课堂培训和田间指导）对农户化肥和生物菌肥施用强度的具体影响，并对农户参与课堂培训和田间指导行为做了进一步研究，以便更加灵活地对农户进行技术培训，促进合理施肥。本章得到如下结论：

第一，对病虫害防控技术和测土配方施肥技术的农户采用行为进行研究，结果表明，政府宣传和政府补贴对促进农户采用病虫害防控技术具有积极影响。政府补贴和政府主导的测土配方施肥技术培训对测土配方施肥技术的农户采用行为具有积极作用。总体而言，政策激励对绿色农业技术推广具有不可忽视的重要作用。

第二，以病虫害防控技术和测土配方施肥技术为例，对农户绿色农业技术采用的经济效应进行评价，发现绿色农业技术未能显著提高农业生产效率。如何真正实现绿色农业技术的降本增效功能，是推广绿色农业技术的关键。

第三，通过对以化肥为代表的传统肥料和以生物菌肥为代表的新型绿色肥料的农户施肥效应分析，发现绿色农业技术环境正效应显著。不管采用哪种匹配方法，绿色农业技术都能够显著降低化肥施用强度，提高生物菌肥的施用强度。绿色农业技术对优化农户施肥结构、改善农业生态环境效果显著。

第四，农户施肥受到两种形式的绿色农业技术培训（课堂培训和田间指导）影响：课堂培训和田间指导对降低化肥施用强度、提高生物菌肥施用强度都有积极影响。课堂培训农户参与度高，田间指导能够更详细准确地指导农户科学施肥，在减少化肥施用、推广生物菌肥施用方面的效果更好，能够更精准地指导农户科学施肥。加入合作社、土壤质量提升、与肥料经销商距离近、生态环境满意度低，这些特征对农户参与课堂培训和田间指导具有促进作用。

第8章 研究结论与政策启示

农户生产绿色转型是破解当前我国农业生产资源紧张、生态环境问题突出、农产品质量安全危机等重大瓶颈问题，提高农业质量效益和竞争力的重要途径。本书以农户行为理论、外部性理论为理论基础，构建了基于政策激励和经济收益的农户生产绿色转型研究框架，从政府政策和农户经济收益的角度研究了农户生产绿色转型的影响机制，在此基础上，从农业生产的两个方面进一步具体地研究了农户绿色农业投入品施用行为、绿色农业技术的采用及经济效应和环境效应。本书的主要研究结论和政策启示如下。

8.1 研究结论

8.1.1 政府政策和经济收益从不同层面影响农户生产绿色转型

政府政策和经济收益能从不同层面影响农户生产绿色转型。政府政策是影响农户绿色生产的深层根源因素，其中政策激励和政策监管对引导农户从事农业绿色生产、规范农户生产行为起到了不可替代的关键作用。经济收益是促进农户绿色生产的首要激励因素，对农户绿色生产行为起到直接影响。政府政策和经济收益在影响农户农业生产绿色转型上存在互补作用，对农户农业生产绿色转型的影响作用存在相互促进关系。

8.1.2　农户绿色农业投入品施用意愿和有效施用行为存在背离

以生物菌肥和生物农药为代表的绿色农业投入品的农户施用意愿和有效施用行为存在背离，农户对绿色投入品的施用意愿未能有效转化为施用行为。

绿色投入品的施用效果、对农户收益目标的贡献、农户个人行为能力、完善的施用指导能够显著促进绿色投入品的推广施用，农户的质疑心理、落后的销售环境会对绿色投入品的推广施用起到阻碍作用。另外，农药残留检测作为政策能够显著增加农户对普通农药外部成本的感知，作为政策监管手段，能够显著促进生物农药的有效施用。

8.1.3　绿色农业技术有利于解决环境问题，但未能显著提高农业生产效率

农户绿色农业技术采用受政府宣传、政策补贴和技术培训显著影响，政策激励对以病虫害防控技术和测土配方施肥技术为代表的绿色农业技术推广具有不可忽视的重要作用：政府宣传和政府补贴对促进农户采用病虫害防控技术具有积极影响。政府补贴和政府主导的测土配方施肥技术培训对测土配方施肥技术的农户采用行为具有积极作用。

通过研究以化肥为代表的传统肥料和以生物菌肥为代表的绿色肥料的农户施肥效应，发现绿色农业技术环境正效应显著，能够显著降低化肥施用强度，提高生物菌肥施用强度，优化农户施肥结构。田间指导和课堂培训作为绿色农业技术的两种培训方式，对调节农户施肥强度、优化农户施肥结构均起到积极作用，田间指导由于培训过程更加详细明确，效果更好。以病虫害防控技术和测土配方施肥技术为代表的绿色农业技术均未能显著提升农业生产效率。绿色农业技术出发点是帮助农户科学用药，合理施肥，减少农业生产对生态环境的污染。如何发挥绿色农业技术的降本增收效应，让绿色农业技术的生产外部性得到补偿，是推动农户采用绿色农业技术的关键。

8.1.4　化肥的减量化和替代化需要不同技术培训方式合力优化

化肥的减量化和替代化需要不同的技术培训方式合力优化，以田间指导和课堂培训为代表的两种培训方式能够合力降低农户化肥施用强度，优化农户施肥结

构，促进化肥的减量化和替代化。

课堂培训农户参与频率较高，培训难度较小，在普及科学施肥知识，倡导科学施肥理念方面优势很大。田间指导能够更加详细明确地调节农户施肥强度，促进化肥减量化和替代化，建立农户生物菌肥施用信心。综合不同技术培训方式优势，灵活地采用不同技术培训方式提供农业所需的技术指导，对于降低化肥施用强度，推广生物菌肥，促进农户合理搭配施肥，意义显著。

8.1.5　农药减量施用需要农药残留检测和农产品销售环境改善共同推动

农药减量施用，一方面，需要加大设施蔬菜生产基地农药残留检测力度，对农户施药行为进行监督规范，增加农户对外部成本的感知；另一方面，改善农产品销售环境，保障农产品销售实现"优质优价"，给予农户适当的经济激励，才是农药减量施用的长久策略。

农户施药目的是保证农产品产量，规避生产风险，只有从政府监管和经济激励两个方面共同推动，才能促进生产者合理科学用药，推广标准化生产，实现农药减量施用，保障农产品质量安全。另外，农药市场准入制度和购买登记制度，从源头规范农药的购买施用，也能促进农药减量施用。

8.2　政策启示

根据以上研究结论，笔者对如何促进农户生产绿色转型，推动农业高质量发展，提出以下政策启示。

8.2.1　政策约束与政策激励相结合，完善绿色转型政策体系

科学制定农业政策，对污染环境、影响农产品质量安全的农业生产方式要严格禁止，并采取惩罚措施。对环境友好型生态农业生产方式要加以鼓励引导，对农业绿色生产方式给予合理补贴。政府政策要注重对农业绿色生产模式的引导，在适当领域运用公共资金给予激励，不断降低农户绿色生产成本，增强农户获得

感，增加农业绿色发展动力。

完善农业生产绿色转型政策体系，建立农业绿色生产和农产品绿色消费的政策导向，通过可以推动农产品市场绿色发展的政策信号，引导农业生产绿色转型。同时强化农业绿色生产的政策执行和舆论监督，推广绿色生产理念和生产规范。

8.2.2　加大绿色投入品研发投入，重视绿色投入品质量提升

加大绿色投入品如低风险农药、功能性肥料、生物肥料、新型土壤调理剂等的研发投入，重视绿色投入品效果提升，才能打消农户疑虑，建立农户信任，激励农户自愿施用绿色投入品，实现农业高质量发展。完善绿色农业投入品质量标准、质量安全评价技术规范对规范绿色投入品市场具有重要意义。

质量兴农战略要求农业高质量发展，对农业投入品生产企业提出了更高要求。农资企业应重视绿色农业投入品质量提升，加快绿色投入品创制步伐，改善绿色投入品效果，突破我国农业生产中减量、安全、高效等方面的瓶颈问题。

8.2.3　加强绿色农业技术的政府推广力度，完善农业技术推广体系

加强绿色农业技术的政府推广力度，提高绿色农业技术供给能力，加大对土壤改良、精准施肥、病虫害绿色防控、农业面源污染治理、雨养和节水灌溉、废弃物治理等绿色农业技术的研发，推行绿色农业生产，不仅要求农户尽快转变观念，加强学习能力，也对适用型农业技术推广体系建设提出了要求。

建立自上而下的农业技术推广体系，协助农户降低绿色农业投入品和绿色农业技术的门槛，构建农业绿色生产技术的研发、推广、使用和反馈等各个环节相衔接的长效机制，确保绿色技术的实用性和易用性，要克服科技入户的"最后一公里"问题。

发挥政府层面、肥料企业层面、农资商层面以及农户层面的技术培训作用，形成合力，探索技术推广一体化服务机制。政府的核心作用是引导、服务、监督，肥料企业和农资商负责具体推广绿色农业技术，综合利用多种技术培训模式，以灵活的方式保障农户生产所需的技术指导，促进农户生产进一步绿色转型。

8.2.4　倡导绿色生产理念，提供绿色生产示范模式

倡导设施蔬菜绿色生产理念，转变农业生产观念，通过学校教育培养农业绿色生产理念，培养可持续发展的大农业观念，推动形成绿色发展方式和生活方式。摒弃以高产高效为衡量农业生产方式好坏的评价标准，为绿色生产方式提供新的评价体系，重建重视农业的多功能效益，重视人与自然有机统一的农业生产评价体系，转变整个社会环境的农业发展观念。

重视绿色蔬菜示范基地建设，探索可复制、可推广的绿色生产机制，为农户绿色生产提供成功范本，增强农户对农产品质量安全和农业生态环境优势的可视性，增强农户绿色生产信心。探索可复制、可推广的农业绿色生产技术模式和运行机制，发展标准化、品牌化绿色农业生产模式，降低设施蔬菜种植户农业生产绿色转型难度，促进设施蔬菜生产供给侧转型。

8.2.5　构建"优质优价"的市场环境，推动农业绿色化、优质化、品牌化发展

设施蔬菜作为园艺作物产品，施用有机肥、生物菌肥、低风险农药等能够显著改善农产品品质，提升农产品口感，提高农产品质量。通过改善设施蔬菜品质和口感，提供多层次、多样化、优质安全的农产品，满足消费者更高层次需求，同时又可以改善农业生产环境，提供洁净良好的生态环境。构建"优质优价"的市场环境，使设施蔬菜农户绿色生产的外部性得到经济激励，推动设施蔬菜生产绿色转型，符合我国质量兴农战略要求。

推动设施蔬菜生产的绿色化、优质化、品牌化建设，加强按照环境友好型方式生产出来的绿色蔬菜的辨识度和品牌建设、绿色认证以及流通追溯体系建设，对于促进设施蔬菜种植户绿色生产具有直接激励作用。深入推进品牌强农，要加强绿色蔬菜品牌创建、培育和保护，强化农业品牌监管，重点抓好质量安全、诚信建设等关键环节，提高农户绿色生产收益，增强农户绿色生产动力，促进我国农业高质量发展。

8.3　不足与展望

　　在普通农户当前和未来相当长一段时期仍将作为农业生产的基本主体、小农户家庭经营仍将作为我国农业主要经营方式的背景下，如何促进农户的农业生产方式从常规生产向绿色生产转型，是一个需要长期解决的问题，需要全面深入的研究。本书以设施蔬菜生产为例，从农户生产绿色转型经济条件及政策激励机理、农户生产绿色转型影响机制、绿色农业投入品施用、绿色农业技术采用及效应等方面对如何促进农户农业生产绿色转型做了初步探讨，虽然为相关研究提供了参考，但仍需要在样本数据的获取范围上进一步拓展。另外，在层次和角度上要全面深化，例如本书对农户废弃物处理的研究，只是对农户废弃物处理方式进行了描述分析并研究了农户的废弃物处理成本感知对农户生产绿色转型的影响，还可以从废弃物第三方处理机制等方面进行深入研究。

参考文献

［1］包玉泽，于颖，周怡，等．中国蔬菜产业的布局及其演化研究：1990—2014 年［J］．干旱区资源与环境，2018，32（11）：53-58.

［2］边淑贞，柳晓娟，安子扬，等．我国典型设施蔬菜种植区农用地膜污染分析［J］．环境科学与技术，2015，38（11）：76-81.

［3］蔡荣，韩洪云．农民专业合作社对农户农药施用的影响及作用机制分析——基于山东省苹果种植户的调查数据［J］．中国农业大学学报，2012，17（5）：196-202.

［4］蔡荣，汪紫钰，钱龙，等．加入合作社促进了家庭农场选择环境友好型生产方式吗？——以化肥、农药减量施用为例［J］．中国农村观察，2019（1）：51-65.

［5］蔡书凯．经济结构、耕地特征与病虫害绿色防控技术采纳的实证研究——基于安徽省 740 个水稻种植户的调查数据［J］．中国农业大学学报，2013，18（4）：208-215.

［6］蔡亚庆，仇焕广，王金霞，等．我国农村户用沼气使用效率及其影响因素研究——基于全国五省调研的实证分析［J］．中国软科学，2012（8）：58-64.

［7］蔡银莺，余亮亮．重点开发区域农田生态补偿的农户受偿意愿分析——武汉市的例证［J］．资源科学，2014，36（8）：1660-1669.

［8］曹慧，赵凯．农户化肥减量施用意向影响因素及其效应分解——基于 VBN-TPB 的实证分析［J］．华中农业大学学报（社会科学版），2018（6）：29-38+152.

［9］常亮，刘凤朝，杨春薇．基于市场机制的流域管理 PPP 模式项目契约研究［J］．管理评论，2017，29（3）：197-206．

［10］畅华仪，张俊飚，何可．技术感知对农户生物农药采用行为的影响研究［J］．长江流域资源与环境，2019，28（1）：202-211．

［11］陈彬．欧盟共同农业政策对环境保护问题的关注［J］．德国研究，2008（2）：41-46+78．

［12］陈莫凡，黄建华．政府补贴下生态农业技术创新扩散机制——基于"公司+合作社+农户"模式的演化博弈分析［J］．科技管理研究，2018，38（4）：34-45．

［13］陈祺琪，张俊飚，蒋磊，等．基于农业环保型技术的农户生计资产评估及差异性分析——以湖北武汉、随州农业废弃物循环利用技术为例［J］．资源科学，2016，38（5）：888-899．

［14］陈卫平，王笑丛．制度环境对农户生产绿色转型意愿的影响：新制度理论的视角［J］．东岳论丛，2018，39（6）：114-123+192．

［15］陈卫平．乡村振兴战略背景下农户生产绿色转型的制度约束与政策建议——基于 47 位常规生产农户的深度访谈［J］．探索，2018（3）：136-145．

［16］仇焕广，栾昊，李瑾，等．风险规避对农户化肥过量施用行为的影响［J］．中国农村经济，2014（3）：85-96．

［17］褚彩虹，冯淑怡，张蔚文．农户采用环境友好型农业技术行为的实证分析——以有机肥与测土配方施肥技术为例［J］．中国农村经济，2012（3）：68-77．

［18］崔海霞，宗义湘，赵帮宏．欧盟农业绿色发展支持政策体系演进分析——基于 OECD 农业政策评估系统［J］．农业经济问题，2018（5）：130-142．

［19］崔言民，王骞．不同组织模式下无公害蔬菜生产效率评价研究［J］．农业技术经济，2012（9）：28-34．

［20］邓旭霞，刘纯阳．论循环农业的主导技术及其发展对策［J］．农机化研究，2014，36（9）：1-5．

［21］丁宁．流通创新提升农产品质量安全水平研究——以合肥市肉菜流通追溯体系和周谷堆农产品批发市场为例［J］．农业经济问题，2015，36（11）：

16-24+110.

[22] 杜运伟，景杰．乡村振兴战略下农户绿色生产态度与行为研究 ［J］．云南民族大学学报（哲学社会科学版），2019（1）：95-103.

[23] 范丙全．我国生物肥料研究与应用进展 ［J］．植物营养与肥料学报，2017，23（6）：1602-1613.

[24] 冯献，李瑾，郭美荣．基于节水的北京设施蔬菜生产效率及其对策研究 ［J］．中国蔬菜，2017（1）：55-60.

[25] 冯晓龙，仇焕广，刘明月．不同规模视角下产出风险对农户技术采用的影响——以苹果种植户测土配方施肥技术为例 ［J］．农业技术经济，2018（11）：120-131.

[26] 付文飙，周适，刘泉红．实现优质优价的国际经验及启示 ［J］．当代经济管理，2019（3）：25-31.

[27] 傅新红，宋汶庭．农户生物农药购买意愿及购买行为的影响因素分析——以四川省为例 ［J］．农业技术经济，2010（6）：120-128.

[28] 葛继红，周曙东，朱红根，等．农户采用环境友好型技术行为研究——以配方施肥技术为例 ［J］．农业技术经济，2010（9）：57-63.

[29] 葛继红，周曙东．要素市场扭曲是否激发了农业面源污染——以化肥为例 ［J］．农业经济问题，2012，33（3）：92-98+112.

[30] 耿宇宁，郑少锋，陆迁．经济激励、社会网络对农户绿色防控技术采纳行为的影响——来自陕西猕猴桃主产区的证据 ［J］．华中农业大学学报（社会科学版），2017（6）：59-69+150.

[31] 巩前文，穆向丽，田志宏．农户过量施肥风险认知及规避能力的影响因素分析——基于江汉平原284个农户的问卷调查 ［J］．中国农村经济，2010（10）：66-76.

[32] 巩前文，张俊飚，李瑾．农户施肥量决策的影响因素实证分析——基于湖北省调查数据的分析 ［J］．农业经济问题，2008（10）：63-68.

[33] 郭军华，倪明，李帮义．基于三阶段DEA模型的农业生产效率研究 ［J］．数量经济技术经济研究，2010，27（12）：27-38.

[34] 郭利京，王少飞．基于调节聚焦理论的生物农药推广有效性研究

［J］．中国人口·资源与环境，2016，26（4）：126-134.

［35］郭利京，王颖．农户生物农药施用为何"说一套，做一套"？［J］．华中农业大学学报（社会科学版），2018（4）：71-80+169.

［36］郭利京，赵瑾．认知冲突视角下农户生物农药施用意愿研究——基于江苏639户稻农的实证［J］．南京农业大学学报（社会科学版），2017，17（2）：123-133+154.

［37］韩长赋．大力实施乡村振兴战略［J］．农民科技培训，2018（1）：4-6.

［38］韩成英．农户感知价值对其农业废弃物资源化行为的影响研究［D］．华中农业大学，2016.

［39］韩枫，朱立志．西部地区有机肥使用的农户行为分析——以甘肃省定西、临夏为例［J］．中国土壤与肥料，2016（6）：133-138.

［40］韩洪云，杨增旭．农户测土配方施肥技术采纳行为研究——基于山东省枣庄市薛城区农户调研数据［J］．中国农业科学，2011，44（23）：4962-4970.

［41］郝成元，张永领，朱宗泽．基于问卷调查的耕地利用问题感知研究［J］．资源科学，2010，32（1）：64-70.

［42］何浩然，张林秀，李强．农民施肥行为及农业面源污染研究［J］．农业技术经济，2006（6）：2-10.

［43］何可，张俊飚，张露，等．人际信任、制度信任与农民环境治理参与意愿——以农业废弃物资源化为例［J］．管理世界，2015（5）：75-88.

［44］何可，张俊飚．农民对资源性农业废弃物循环利用的价值感知及其影响因素［J］．中国人口·资源与环境，2014，24（10）：150-156.

［45］何可，张俊飚．农业废弃物资源化的生态价值——基于新生代农民与上一代农民支付意愿的比较分析［J］．中国农村经济，2014（5）：62-73+85.

［46］侯建昀，刘军弟，霍学喜．区域异质性视角下农户农药施用行为研究——基于非线性面板数据的实证分析［J］．华中农业大学学报（社会科学版），2014（4）：1-9.

［47］侯麟科，仇焕广，白军飞，等．农户风险偏好对农业生产要素投入的影响——以农户玉米品种选择为例［J］．农业技术经济，2014（5）：21-29.

［48］侯萌瑶，张丽，王知文，等．中国主要农作物化肥用量估算［J］．农业资源与环境学报，2017，34（4）：360-367.

［49］胡定寰，陈志钢，孙庆珍，等．合同生产模式对农户收入和食品安全的影响——以山东省苹果产业为例［J］．中国农村经济，2006（11）：17-24+41.

［50］胡启兵．日本发展生态农业的经验［J］．经济纵横，2007（21）：64-66.

［51］胡世霞，祁睿，沈祥成．蔬菜品牌创建实现路径、机制创新和支撑政策研究——基于乡村振兴战略视角［J］．农村经济，2018（7）：44-48.

［52］华树春，赵闰．我国农民对高新技术农产品购买意愿的实证分析——以微生物肥料为例［J］．中国农机化，2012（6）：33-36.

［53］黄季焜，齐亮，陈瑞剑．技术信息知识、风险偏好与农民施用农药［J］．管理世界，2008（5）：71-76.

［54］黄炜虹，齐振宏，邬兰娅，等．农户从事生态循环农业意愿与行为的决定：市场收益还是政府政策？［J］．中国人口·资源与环境，2017，27（8）：69-77.

［55］黄炎忠，罗小锋，李容容，等．农户认知、外部环境与绿色农业生产意愿——基于湖北省632个农户调研数据［J］．长江流域资源与环境，2018，27（3）：680-687.

［56］黄炎忠，罗小锋．既吃又卖：稻农的生物农药施用行为差异分析［J］．中国农村经济，2018（7）：63-78.

［57］黄祖辉，钟颖琦，王晓莉．不同政策对农户农药施用行为的影响［J］．中国人口·资源与环境，2016，26（8）：148-155.

［58］纪月清，张惠，陆五一，等．差异化、信息不完全与农户化肥过量施用［J］．农业技术经济，2016（2）：14-22.

［59］贾雪莉，董海荣，戚丽丽，等．蔬菜种植户农药使用行为研究——以河北省为例［J］．林业经济问题，2011，31（3）：266-270.

［60］姜利娜，赵霞．农户绿色农药购买意愿与行为的悖离研究——基于5省863个分散农户的调研数据［J］．中国农业大学学报，2017，22（5）：163-173.

［61］金京淑．日本推行农业环境政策的措施及启示［J］．现代日本经济，

2010（5）：60-64.

[62] 金书秦，沈贵银．中国农业面源污染的困境摆脱与绿色转型［J］．改革，2013（5）：79-87.

[63] 靳乐山．中国生态保护补偿机制政策框架的新扩展——《建立市场化、多元化生态保护补偿机制行动计划》的解读［J］．环境保护，2019，47（2）：28-30.

[64] 孔祥智，张琛，周振．设施蔬菜生产技术效率变化特征及其收敛性分析——以设施番茄为例［J］．农村经济，2016（7）：9-15.

[65] 邝佛缘，陈美球，李志朋，等．农户生态环境认知与保护行为的差异分析——以农药化肥使用为例［J］．水土保持研究，2018，25（1）：321-326.

[66] 乐波．欧盟"多功能农业"探析［J］．华中农业大学学报（社会科学版），2006（2）：31-34+50.

[67] 黎孔清，马豆豆．生态脆弱区农户化肥减量投入行为及决策机制研究——以山西省 4 县 421 户农户为例［J］．南京农业大学学报（社会科学版），2018，18（5）：138-145+159-160.

[68] 李宝聚．蔬菜主要病害 2013 年发生概况及 2014 年发生趋势［J］．中国蔬菜，2014（2）：5-8.

[69] 李昊，李世平，南灵，等．中国农户环境友好型农药施用行为影响因素的 Meta 分析［J］．资源科学，2018，40（1）：74-88.

[70] 李红梅，傅新红，吴秀敏．农户安全施用农药的意愿及其影响因素研究——对四川省广汉市 214 户农户的调查与分析［J］．农业技术经济，2007（5）：99-104.

[71] 李辉尚，曲春红，马娟娟．我国蔬菜市场 2016 年形势分析与后市展望［J］．中国蔬菜，2017（1）：8-13.

[72] 李俊，姜昕，李力，等．微生物肥料的发展与土壤生物肥力的维持［J］．中国土壤与肥料，2006（4）：1-5.

[73] 李鹏，张俊飚，颜廷武．农业废弃物循环利用参与主体的合作博弈及协同创新绩效研究——基于 DEA-HR 模型的 16 省份农业废弃物基质化数据验证［J］．管理世界，2014（1）：90-104.

[74] 李鹏，张俊飚．农业生产废弃物循环利用绩效测度的实证研究——基于三阶段 DEA 模型的农户基质化管理［J］．中国环境科学，2013，33（4）：754-761.

[75] 李冉，沈贵银，金书秦．畜禽养殖污染防治的环境政策工具选择及运用［J］．农村经济，2015（6）：95-100.

[76] 李莎莎，朱一鸣，马骥．农户对测土配方施肥技术认知差异及影响因素分析——基于 11 个粮食主产省 2172 户农户的调查［J］．统计与信息论坛，2015，30（7）：94-100.

[77] 李莎莎，朱一鸣．农户持续性使用测土配方肥行为分析——以 11 省 2172 个农户调研数据为例［J］．华中农业大学学报（社会科学版），2016（4）：53-58+129.

[78] 李世杰，朱雪兰，洪潇伟，等．农户认知、农药补贴与农户安全农产品生产用药意愿——基于对海南省冬季瓜菜种植农户的问卷调查［J］．中国农村观察，2013（5）：55-69+97.

[79] 李太平，祝文峰．生鲜农产品质量安全监管力度研究——以蔬菜农药残留为例［J］．江苏社会科学，2017（2）：84-91.

[80] 李文华，刘某承，闵庆文．中国生态农业的发展与展望［J］．资源科学，2010，32（6）：1015-1021.

[81] 李秀义，官志强．农药安全施用方式及其影响因素分析——以福建安溪茶农为例［J］．西安电子科技大学学报（社会科学版），2013，23（6）：84-93.

[82] 李衍素，于贤昌．我国蔬菜绿色发展"4H"理念［J］．中国蔬菜，2018（6）：5-8.

[83] 连青龙，张跃峰，丁小明，等．我国北方设施蔬菜质量安全现状与问题分析［J］．中国蔬菜，2016（7）：15-21.

[84] 刘成，刘明迪，冯中朝，等．测土配方施肥对油菜生产的影响——基于 1722 份田间试验材料的经济学分析［J］．自然资源学报，2018，33（8）：1340-1350.

[85] 刘竞文．绿色发展与田园综合体建设：模式、经验与路径［J］．世界

农业，2018（2）：35-41.

[86] 刘洋，熊学萍，刘海清，等. 农户绿色防控技术采纳意愿及其影响因素研究——基于湖南省长沙市348个农户的调查数据 [J]. 中国农业大学学报，2015，20（4）：263-271.

[87] 芦千文，姜长云. 欧盟农业农村政策的演变及其对中国实施乡村振兴战略的启示 [J]. 中国农村经济，2018（10）：119-135.

[88] 吕娜，朱立志. 生态循环农业的发展模式及利益联结研究——基于河南省漯河市的案例分析 [J]. 中国农业资源与区划，2018，39（4）：83-89.

[89] 吕新业，李丹，周宏. 农产品质量安全刍议：农户兼业与农药施用行为——来自湘赣苏三省的经验证据 [J]. 中国农业大学学报（社会科学版），2018，35（4）：69-78.

[90] 栾江，仇焕广，井月，等. 我国化肥施用量持续增长的原因分解及趋势预测 [J]. 自然资源学报，2013，28（11）：1869-1878.

[91] 罗小娟，冯淑怡，石晓平，等. 太湖流域农户环境友好型技术采纳行为及其环境和经济效应评价——以测土配方施肥技术为例 [J]. 自然资源学报，2013，28（11）：1891-1902.

[92] 骆世明. 农业生态转型态势与中国生态农业建设路径 [J]. 中国生态农业学报，2017，25（1）：1-7.

[93] 马骥，秦富. 秸秆禁烧政府监管模式及其效果比较——基于农户与政府博弈关系的分析 [J]. 中国农业大学学报，2009，14（4）：131-136.

[94] 马骥. 农户粮食作物化肥施用量及其影响因素分析——以华北平原为例 [J]. 农业技术经济，2006（6）：36-42.

[95] 马雪侠，刘巧云，安曙光，等. 设施蔬菜病虫害绿色防控技术研究 [J]. 农业技术与装备，2015（2）：16-18.

[96] 玛衣拉·吐尔逊，阿斯亚·托乎提，甫祺娜依·尤力瓦斯. 棉区农户过量施肥风险认知的影响因素分析——基于新疆446个棉农的问卷调查 [J]. 中国农业资源与区划，2016，37（4）：38-42.

[97] 毛飞，孔祥智. 农户安全农药选配行为影响因素分析——基于陕西5个苹果主产县的调查 [J]. 农业技术经济，2011（5）：4-12.

［98］米建伟，黄季焜，陈瑞剑，等．风险规避与中国棉农的农药施用行为［J］．中国农村经济，2012（7）：60-71+83.

［99］牛建高，李义超，李文和．农户经济行为调控与贫困地区生态农业发展［J］．农村经济，2005（6）：71-74.

［100］牛亚丽．农超对接视角下农户农产品质量安全控制行为及其影响因素分析——基于辽宁省 484 个果蔬农户的调查［J］．四川农业大学学报，2014，32（2）：236-241.

［101］潘世磊，严立冬，屈志光，等．绿色农业发展中的农户意愿及其行为影响因素研究——基于浙江丽水市农户调查数据的实证［J］．江西财经大学学报，2018（2）：79-89.

［102］秦渊渊，郭文忠，李静，等．蔬菜废弃物资源化利用研究进展［J］．中国蔬菜，2018（10）：17-24.

［103］邱德文．生物农药的发展现状与趋势分析［J］．中国生物防治学报，2015，31（5）：679-684.

［104］全世文，刘媛媛．农业废弃物资源化利用：补偿方式会影响补偿标准吗？［J］．中国农村经济，2017（4）：13-29.

［105］饶静，许翔宇，纪晓婷．我国农业面源污染现状、发生机制和对策研究［J］．农业经济问题，2011，32（8）：81-87.

［106］任重，薛兴利．粮农无公害农药使用意愿及其影响因素分析——基于609 户种粮户的实证研究［J］．干旱区资源与环境，2016，30（7）：31-36.

［107］尚燕，颜廷武，江鑫，等．绿色化生产技术采纳：家庭经济水平能唤醒农户生态自觉性吗？［J］．生态与农村环境学报，2018，34（11）：988-996.

［108］宋宇．土地流转背景下农户生态施肥行为动因及影响因素分析——基于南水北调沿线农户实地调查［J］．当代经济管理，2016，38（7）：39-45.

［109］宋玉晶，柴立平．我国蔬菜废弃物综合利用模式分析——以寿光为例［J］．中国蔬菜，2018（1）：12-17.

［110］眭丹，洪素娣．丹阳市水稻病虫害统防统治与绿色防控融合推进的实践与思考［J］．中国植保导刊，2018，38（7）：79-83.

［111］孙世民，张媛媛，张健如．基于 Logit-ISM 模型的养猪场（户）良好

质量安全行为实施意愿影响因素的实证分析［J］．中国农村经济，2012（10）：24-36.

［112］孙炜琳，王瑞波，黄圣男，等．供给侧结构性改革视角下的农业可持续发展评价研究［J］．中国农业资源与区划，2017，38（8）：1-7.

［113］陶忠良，管孝锋，孙楠．农业投入品生产流通全过程的溯源追踪研究［J］．中国市场，2018（2）：139-141.

［114］田维明．中日韩农产品贸易现状和前景展望［J］．农业经济问题，2007（5）：4-11+110.

［115］田云，张俊飚，何可，等．农户农业低碳生产行为及其影响因素分析——以化肥施用和农药使用为例［J］．中国农村观察，2015（4）：61-70.

［116］童霞，高申荣，吴林海．农户对农药残留的认知与农药施用行为研究——基于江苏、浙江473个农户的调研［J］．农业经济问题，2014，35（1）：79-85+111-112.

［117］童霞，吴林海，山丽杰．影响农药施用行为的农户特征研究［J］．农业技术经济，2011（11）：71-83.

［118］汪应洛．系统工程理论、方法与应用［M］．北京：高等教育出版社，1998.

［119］王彬彬，李晓燕．基于多中心治理与分类补偿的政府与市场机制协调——健全农业生态环境补偿制度的新思路［J］．农村经济，2018（1）：34-39.

［120］王常伟，顾海英．市场VS政府，什么力量影响了我国菜农农药用量的选择？［J］．管理世界，2013（11）：50-66+187-188.

［121］王翠霞，丁雄，贾仁安，等．农业废弃物第三方治理政府补贴政策效率的SD仿真［J］．管理评论，2017，29（11）：216-226.

［122］王飞，石祖梁，王久臣，等．生态文明建设视角下推进农业绿色发展的思考［J］．中国农业资源与区划，2018，39（8）：17-22.

［123］王斐，裴秀荣．蔬菜病虫害防治的科学施药技术研究［J］．中国农业信息，2012（19）：71.

［124］王欢，穆月英．基于农户视角的我国蔬菜生产资源配置评价——兼对

三阶段 DEA 模型的修正［J］．中国农业大学学报，2014，19（6）：221-231.

［125］王建华，刘苗，李俏．农产品安全风险治理中政府行为选择及其路径优化——以农产品生产过程中的农药施用为例［J］．中国农村经济，2015（11）：54-62+76.

［126］王建华，刘苗，李俏．农产品安全风险治理中政府行为选择及其路径优化——以农产品生产过程中的农药施用为例［J］．中国农村经济，2015（11）：54-62+76.

［127］王建华，马玉婷，晁熳璐．农户农药残留认知及其行为意愿影响因素研究——基于全国五省 986 个农户的调查数据［J］．软科学，2014，28（9）：134-138.

［128］王建华，马玉婷，刘苗，等．农业生产者农药施用行为选择逻辑及其影响因素［J］．中国人口·资源与环境，2015，25（8）：153-161.

［129］王建华，马玉婷，王晓莉．农产品安全生产：农户农药施用知识与技能培训［J］．中国人口·资源与环境，2014，24（4）：54-63.

［130］王明友，宋卫东，王教领，等．物理防治技术在设施蔬菜生产中的应用［J］．农业工程，2015，5（S1）：18-20+48.

［131］王全忠，彭长生，吕新业．农药购买追溯研究——基于农户实名制的态度与执行障碍［J］．农业技术经济，2018（9）：54-66.

［132］王世群，何秀荣，王成军．农业环境保护：美国的经验与启示［J］．农村经济，2010（11）：126-129.

［133］王世尧，金媛，韩会平．环境友好型技术采用决策的经济分析——基于测土配方施肥技术的再考察［J］．农业技术经济，2017（8）：15-26.

［134］王思琪，陈美球，彭欣欣，等．农户分化对环境友好型技术采纳影响的实证研究——基于 554 户农户对测土配方施肥技术应用的调研［J］．中国农业大学学报，2018，23（6）：187-196.

［135］王晓巍，张玉鑫，马彦霞，等．甘肃省设施蔬菜产业绿色发展现状及对策［J］．中国蔬菜，2018（9）：9-13.

［136］王亚坤，王慧军．我国设施蔬菜生产效率研究［J］．中国农业科技导报，2015，17（2）：159-166.

［137］王永强，朱玉春．农户过量配比农药影响因素分析［J］．经济与管理研究，2013（10）：86-91.

［138］王志刚，李腾飞．蔬菜出口产地农户对食品安全规制的认知及其农药决策行为研究［J］．中国人口·资源与环境，2012，22（2）：164-169.

［139］王志刚，姚一源，许栩．农户对生物农药的支付意愿：对山东省莱阳、莱州和安丘三市的问卷调查［J］．中国人口·资源与环境，2012，22（S1）：54-57.

［140］王志刚，周海文，黄冲．供给侧结构性改革视角下生物农药消费研究——基于山东省426份农户的调查数据［J］．中国浦东干部学院学报，2017，11（3）：128-136.

［141］魏琦，张斌，金书奏．中国农业绿色发展指数构建及区域比较研究［J］．农业经济问题，2018（11）：11-20.

［142］翁伯奇．现代生态农业的内涵、模式特征及其发展对策［J］．福建农业学报，2000（S1）：42-48.

［143］翁伯琦，王义祥，王煌平，等．福建省农业废弃物多级循环模式优化与集成应用研究进展［J］．中国农业科技导报，2017，19（12）：91-103.

［144］吴丹，王亚华，马超．北大荒农业现代化的绿色发展模式与进程评价［J］．农业现代化研究，2017，38（3）：367-374.

［145］吴乐，孔德帅，靳乐山．中国生态保护补偿机制研究进展［J］．生态学报，2019，39（1）：1-8.

［146］吴强，张园园，孙世民．基于Logit-ISM模型的奶农全面质量控制行为分析［J］．农业技术经济，2017（3）：53-63.

［147］吴雪莲，张俊飚，何可．农户高效农药喷雾技术采纳意愿——影响因素及其差异性分析［J］．中国农业大学学报，2016，21（4）：137-148.

［148］吴雪莲．农户绿色农业技术采纳行为及政策激励研究——以湖北水稻生产为例［D］．华中农业大学，2016.

［149］夏英，丁声俊．论新时代质量兴农绿色发展［J］．价格理论与实践，2018（9）：5-13+53.

［150］项诚，贾相平，黄季焜，等．农业技术培训对农户氮肥施用行为的影

响——基于山东省寿光市玉米生产的实证研究［J］．农业技术经济，2012（9）：4-10.

［151］肖体琼，何春霞，曹光乔，等．机械化生产视角下我国蔬菜产业发展现状及国外模式研究［J］．农业现代化研究，2015，36（5）：857-861.

［152］肖阳，李云威，朱立志．基于 SEM 的农户施肥行为及其影响因素实证研究［J］．中国土壤与肥料，2017（4）：167-174.

［153］熊鹰，郭耀辉，景晓卫，等．四川省重点生态功能区有机农业生产效率研究——基于三阶段 DEA 模型的实证分析［J］．中国农业资源与区划，2017，38（10）：162-170.

［154］徐卫涛，张俊飚，李树明，等．循环农业中的农户减量化投入行为分析——基于晋、鲁、鄂三省的化肥投入调查［J］．资源科学，2010，32（12）：2407-2412.

［155］严立冬．绿色农业发展与财政支持［J］．农业经济问题，2003（10）：36-39.

［156］颜廷武，何可，张俊飚．社会资本对农民环保投资意愿的影响分析——来自湖北农村农业废弃物资源化的实证研究［J］．中国人口·资源与环境，2016，26（1）：158-164.

［157］杨普云，任彬元．促进农作物病虫害绿色防控技术推广应用——2011 至 2017 年全国农作物重大病虫害防控技术方案要点评述［J］．植物保护，2018，44（1）：6-8.

［158］杨向阳，胡迪，张为付，等．农户蔬菜销售方式选择及优化策略［J］．农业经济问题，2017，38（1）：91-99+112.

［159］杨玉苹，朱立志，孙炜琳．农业技术培训对农户化肥施用强度影响分析［J］．农业展望，2018，14（8）：81-85.

［160］杨钰蓉，罗小锋．减量替代政策对农户有机肥替代技术模式采纳的影响——基于湖北省茶叶种植户调查数据的实证分析［J］．农业技术经济，2018（10）：77-85.

［161］杨志海．老龄化、社会网络与农户绿色生产技术采纳行为——来自长江流域六省农户数据的验证［J］．中国农村观察，2018（4）：44-58.

［162］殷琛，寿林飞，陆剑飞．浙江生物农药产业发展对策探讨［J］．中国植保导刊，2018，38（2）：81-83.

［163］尹昌斌，程磊磊，杨晓梅，等．生态文明型的农业可持续发展路径选择［J］．中国农业资源与区划，2015，36（1）：15-21.

［164］应瑞瑶，徐斌．农户采纳农业社会化服务的示范效应分析——以病虫害统防统治为例［J］．中国农村经济，2014（8）：30-41.

［165］于法稳．习近平绿色发展新思想与农业的绿色转型发展［J］．中国农村观察，2016（5）：2-9+94.

［166］于法稳．新时代农业绿色发展动因、核心及对策研究［J］．中国农村经济，2018（5）：19-34.

［167］余朝阁，李颖，黄欣阳，等．当前设施蔬菜病害防治中存在的问题及解决途径［J］．长江蔬菜，2013（8）：58-61.

［168］余威震，罗小锋，李容容，等．绿色认知视角下农户绿色技术采纳意愿与行为悖离研究［J］．资源科学，2017，39（8）：1573-1583.

［169］虞洪．低碳农业的利益驱动机制［J］．农村经济，2012（6）：33-36.

［170］喻景权，周杰．"十二五"我国设施蔬菜生产和科技进展及其展望［J］．中国蔬菜，2016（9）：18-30.

［171］张保良．浅析大棚蔬菜种植技术及病虫害防治策略［J］．农民致富之友，2018（21）：85.

［172］张标，张领先，傅泽田，等．我国蔬菜生产技术效率变动及其影响因素分析——以黄瓜和茄子为例［J］．中国农业大学学报，2016，21（12）：133-143.

［173］张成玉．测土配方施肥技术推广中农户行为实证研究［J］．技术经济，2010，29（8）：76-81.

［174］张复宏，宋晓丽，霍明．果农对过量施肥的认知与测土配方施肥技术采纳行为的影响因素分析——基于山东省9个县（区、市）苹果种植户的调查［J］．中国农村观察，2017（3）：117-130.

［175］张红宇．中国现代农业经营体系的制度特征与发展取向［J］．中国

农村经济，2018（1）：23-33.

［176］张利国．垂直协作方式对水稻种植农户化肥施用行为影响分析——基于江西省189户农户的调查数据［J］．农业经济问题，2008（3）：50-54.

［177］张利庠，彭辉，靳兴初．不同阶段化肥施用量对我国粮食产量的影响分析——基于1952—2006年30个省份的面板数据［J］．农业技术经济，2008（4）：85-94.

［178］张领先，熊蓓，刘雪．基于DEA的北京蔬菜产业生产效率与技术进步评价［J］．科技管理研究，2013，33（8）：56-58+63.

［179］张明月，薛兴利，郑军．合作社参与"农超对接"满意度及其影响因素分析——基于15省580家合作社的问卷调查［J］．中国农村观察，2017（3）：87-101.

［180］张瑞福，颜春荣，张楠，等．微生物肥料研究及其在耕地质量提升中的应用前景［J］．中国农业科技导报，2013，15（5）：8-16.

［181］张正斌，王大生．加快中国绿色农业和绿色食品技术标准体系建设［J］．中国科学院院刊，2010，25（3）：288-297.

［182］张智杰，王成云，李跃．棚室蔬菜病虫害物理防治方法［J］．中国园艺文摘，2012，28（2）：150-151.

［183］章德宾．不同蔬菜种植规模农户农业生产效率研究：主产区2009—2016年的调查［J］．农业技术经济，2018（7）：41-50.

［184］章力建，朱立志．"中医农业"发展战略及前景［J］．农业展望，2018，14（11）：72-76.

［185］赵大伟．中国绿色农业发展的动力机制及制度变迁研究［J］．农业经济问题，2012，33（11）：72-78+111.

［186］赵连阁，蔡书凯．晚稻种植农户IPM技术采纳的农药成本节约和粮食增产效果分析［J］．中国农村经济，2013（5）：78-87.

［187］赵玲，滕应，骆永明．中国农田土壤农药污染现状和防控对策［J］．土壤，2017，49（3）：417-427.

［188］赵婉彤，陈洪，程永毅，等．南方高岗丘陵农业区测土配方施肥技术研究——以重庆市巴南区为例［J］．西南农业学报，2015，28（1）：310-316.

［189］赵晓新．浅谈化肥施用与农作物的产量与品质［J］．科技创新导报，2008（30）：248.

［190］郑鹭飞．我国农业投入品标准体系的现状与问题分析［J］．农产品质量与安全，2016（6）：24-27.

［191］中办国办印发《关于促进小农户和现代农业发展有机衔接的意见》［N］．人民日报，2019-02-22（001）．

［192］钟甫宁，宁满秀，邢鹂，苗齐．农业保险与农用化学品施用关系研究——对新疆玛纳斯河流域农户的经验分析［J］．经济学（季刊），2007（1）：291-308.

［193］钟文晶，邹宝玲，罗必良．食品安全与农户生产技术行为选择［J］．农业技术经济，2018（3）：16-27.

［194］周宏春．乡村振兴背景下的农业农村绿色发展［J］．环境保护，2018，46（7）：16-20.

［195］周洁红，张仕都．蔬菜质量安全可追溯体系建设：基于供货商和相关管理部门的二维视角［J］．农业经济问题，2011，32（1）：32-38.

［196］周适，刘泉红，付文飙．实现优质优价的问题、根源和对策研究［J］．价格理论与实践，2018（9）：14-19+73.

［197］朱长宁，王树进．退耕还林背景下农户生态农业生产方式采用行为研究［J］．南京农业大学学报（社会科学版），2015，15（3）：69-74+124.

［198］朱长宁，王树进．西部退耕还林地区农户生态农业认知——基于陕南的实证［J］．农村经济，2014（9）：53-57.

［199］朱淀，孔霞，顾建平．农户过量施用农药的非理性均衡：来自中国苏南地区农户的证据［J］．中国农村经济，2014（8）：17-29+41.

［200］朱淀，张秀玲，牛亮云．蔬菜种植农户施用生物农药意愿研究［J］．中国人口·资源与环境，2014，24（4）：64-70.

［201］朱利群，王珏，王春杰，张培培．有机肥和化肥配施技术农户采纳意愿影响因素分析——基于苏、浙、皖三省农户调查［J］．长江流域资源与环境，2018，27（3）：671-679.

［202］朱兆良，David Norse，孙波．中国农业面源污染控制对策［M］．北

京：中国环境科学出版社，2006.

[203] 左旭. 我国农业废弃物新型能源化开发利用研究 [D]. 中国农业科学院，2015.

[204] 左喆瑜. 农户对环境友好型肥料的选择行为研究——以有机肥及控释肥为例 [J]. 农村经济，2015 (10)：72-77.

[205] Abate G T, Rashid S, Borzaga C, et al. Rural Finance and Agricultural Technology Adoption in Ethiopia: Does the Institutional Design of Lending Organizations Matter? [J]. World Development, 2016 (84)：235-253.

[206] Annunziata A, Vecchio R. Organic Farming and Sustainability in Food Choices: An Analysis of Consumer Preference in Southern Italy [J]. Agriculture and Agricultural Science Procedia, 2016 (8)：193-200.

[207] Antoni C, Huber-Sannwald E, Reyes Hernández H, et al. Socio-ecological Dynamics of a Tropical Agricultural Region: Historical Analysis of System Change and Opportunities [J]. Land Use Policy, 2019 (81)：346-359.

[208] Anukul Mandal S G. Deshmukh. Vendor Selection Using Interpretive Structural Modeling (ISM). International Journal of Operations & Production Management, 1994 (6)：52-59.

[209] Barnes A P, Vergunst, et al. Assessing the Consumer Perception of the Term "Organic": A Citizens' Jury Approach [J]. British Food Journal, 2009 (11)：155-164.

[210] Bender S F, Wagg C, van der Heijden M G A. An Underground Revolution: Biodiversity and Soil Ecological Engineering for Agricultural Sustainability [J]. Trends in Ecology & Evolution, 2016, 31 (6)：440-452.

[211] Bijani M, Ghazani E, Valizadeh N, et al. Pro-environmental Analysis of Farmers' Concerns and Behaviors towards Soil Conservation in Central District of Sari County, Iran [J]. International Soil and Water Conservation Research, 2017, 5 (1)：43-49.

[212] Bommarco R, Vico G, Hallin S. Exploiting Ecosystem Services in Agriculture for Increased Food Security [J]. Global Food Security, 2018 (17)：57-63.

［213］ Borges J A R， Tauer L W， Lansink A G J M. Using the Theory of Planned Behavior to Identify Key Beliefs Underlying Brazilian Cattle Farmers'Intention to Use Improved Natural Grassland： A MIMIC Modelling Approach ［J］. Land Use Policy， 2016 （55）： 193-203.

［214］ Briz T， Ward R W. Consumer Awareness of Organic Products in Spain： An Application of Multinominal Logit Models ［J］. Food Policy， 2009， 34 （3）： 295-304.

［215］ Burke D J， Knisely C， Watson M L， et al. The Effects of Agricultural History on Forest Ecological Integrity as Determined by a Rapid Forest Assessment Method ［J］. Forest Ecology and Management， 2016 （378）： 1-13.

［216］ Burton R J F. The Influence of Farmer Demographic Characteristics on Environmental Behaviour： A Review ［J］. Journal of Environmental Management， 2014 （135）： 19-26.

［217］ Baczyk A， Wagner M， Okruszko T， et al. Influence of Technical Maintenance Measures on Ecological Status of Agricultural Lowland Rivers-Systematic Review and Implications for Fiver Management ［J］. Science of The Total Environment， 2018 （627）： 189-199.

［218］ Chen Y， Wen X， Wang B， et al. Agricultural Pollution and Regulation： How to Subsidize Agriculture？ ［J］. Journal of Cleaner Production， 2017 （164）： 258-264.

［219］ Cheng B， Li H. Agricultural Economic Losses Caused by Protection of the Ecological Basic Flow of Rivers ［J］. Journal of Hydrology， 2018 （564）： 68-75.

［220］ Chu X， Deng X， Jin G， et al. Ecological Security Assessment Based on Ecological Footprint Approach in Beijing-Tianjin-Hebei Region， China ［J］. Physics and Chemistry of the Earth， Parts A/B/C， 2017 （101）： 43-51.

［221］ Delonge M S， Miles A， Carlisle L. Investing in the Transition to Sustainable Agriculture ［J］. Environmental Science & Policy， 2016 （55）： 266-273.

［222］ Dieleman H. Urban agriculture in Mexico City： Balancing between Ecological， Economic， Social and Symbolic Value ［J］. Journal of Cleaner Production，

2017（163）：S156-S163.

［223］Dou Y, Zhen L, Yu X, et al. Assessing the Influences of Ecological Res-
toration on Perceptions of Cultural Ecosystem Services by Residents of Agricultural
Landscapes of Western China ［J］. Science of The Total Environment, 2019（646）：
685-695.

［224］Gong Y Z, Baylis K, Kozak R, et al. Farmers' Risk Preferences and
Pesticide Use Decisions：Evidence from Field Experiments in China ［J］. Agricultural
Economics, 2016, 47（4）：411-421.

［225］Grunert K G, Hieke S, Wills J. Sustainability Labels on Food Products：
Consumer Motivation, Understanding and Use ［J］. Food Policy, 2014（44）：
177-189.

［226］Hanley N, Wright, et al. Adamowicz. Using Choice Experiments to Value
the Environment Design Issues, Current Experience and Future Prospects ［M］. Envi-
ronmental and Resource Economics, 1988, 11（3-4）：413-428.

［227］Hanna S H S, Osborne-Lee I W, Cesaretti G P, et al. Ecological Agro-
ecosystem Sustainable Development in Relationship to Other Sectors in the Economic
System, and Human Ecological Footprint and Imprint ［J］. Agriculture and Agricul-
tural Science Procedia, 2016（8）：17-30.

［228］Hodbod J, Barreteau O, Allen C, et al. Managing Adaptively for Multi-
functionality in Agricultural Systems ［J］. Journal of Environmental Management,
2016（183）：379-388.

［229］Hu R F, Cao J M, Huang J K. Farmer Participatory Testing of Standard
and Modified Site-specific Nitrogen Management for Irrigated Rice in Chi-
na. Agricultural Systems, 2007, 94（2）：331-340.

［230］Huang J K, Hu R F, Cao J M, et al. Training Programs and In-the-field
Guidance to Reduce China's Overuse of Fertilizer without Hurting Profitability
［J］. Journal of Soil and Water Conservation, 2008, 63（5）：165A-167A.

［231］Huang J, Xiang C, Jia X, et al. Impacts of Training on Farmers Nitrogen
Use in Maize Production in Shandong ［J］. China. Journal of Soil and Water Conserva-

tion, 2012, 67 (4): 321-327.

[232] Jallow M F A, Awadh D G, Albaho M S, et al. Pesticide Risk Behaviors and Factors Influencing Pesticide Use among Farmers in Kuwait [J]. Science of the Total Environment, 2017 (574): 490-498.

[233] Janssen M, Hamm U. Governmental and Private Certification Labels for Organic Food: Consumer Attitudes and Preferences in Germany [J]. Food Policy, 2014 (49): 437-448.

[234] Jayson L, Lusk, et al. Public Preferences and Private Choices: Effect of Altruism and Free Riding on Demand for Environmentally Certified Pork [J]. Environmental & Resource Economics, 2007 (36): 499-521.

[235] Jia X P, Huang J K, Xiang C, et al. Farmer's Adoption of Improved Nitrogen Management Strategies in Maize Production in China: An Experimental Knowledge Training [J]. Journal of Soil and Water Conservation, 2013, 12 (2): 364-373.

[236] Jiang B, Bai Y, Wong C P, et al. China's Ecological Civilization Program-Implementing Ecological Redline Policy [J]. Land Use Policy, 2019 (81): 111-114.

[237] Huang J K, Huang Z R, Jia X P, et al. Long-term Reduction of Nitrogen Fertilizer Use through Knowledge Training in Rice Production in China [J]. Agricultural Systems, 2015 (135): 105-111.

[238] Junjie C, Ming L I, Shuguo L I. Development Strategy Research of Modern Eco-Agriculture on the Basis of Constructing the Rural Circular Economy-for the Example of Shandong Province [J]. Energy Procedia, 2011 (5): 2504-2508.

[239] Kallio Maarit Helena, Hogarth Nicholas John, Moeliono Moiraet, et al. The Colour of Maize: Visions of Green Growth and Farmers Perceptions in Northern Laos [J]. Land Use Policy, 2019 (80): 185-194.

[240] Keshavarz M, Karami E. Farmers' Pro-environmental Behavior under Drought: Application of Protection Motivation Theory [J]. Journal of Arid Environments, 2016 (127): 128-136.

[241] Kleijn D, Bommarco R, Fijen T P M, et al. Ecological Intensification:

Bridging the Gap between Science and Practice [J]. Trends in Ecology & Evolution, 2019, 34 (2): 154-166.

[242] Kruger D J, Polanski S P. Sex Differences in Mortality Rates Have increased in China Following the Single-child Law [J]. Letters on Evolutionary Behavioral Science, 2011, 2 (1): 1-4.

[243] Langlie B S. Building Ecological Resistance: Late Intermediate Period Farming in the South-central Highland Andes (CE 1100-1450) [J]. Journal of Anthropological Archaeology, 2018 (52): 167-179.

[244] Lazzarini G A, Visschers V H M, Siegrist M. Our Own Country Is Best: Factors Influencing Consumers' Sustainability Perceptions of Plant – based Foods [J]. Food Quality and Preference, 2017 (60): 165-177.

[245] Lee H, Yun Z. Consumers' Perceptions of Organic Food Attributes and Cognitive and Affective Attitudes as Determinants of Their Purchase Intentions Toward Organic Food [J]. Food Quality and Preference, 2015 (39): 259-267.

[246] Li R, Lin H, Niu H, et al. Effects of Irrigation on the Ecological Services in an Intensive Agricultural Region in China: A Trade-off Perspective [J]. Journal of Cleaner Production, 2017 (156): 41-49.

[247] Liu J, Diamond J, China's environment in a Globalizing World [J]. Nature, 2005 (435): 1179-1186.

[248] Loebnitz N, Aschemann-Witzel J. Communicating Organic Food Quality in China: Consumer Perceptions of Organic Products and the Effect of Environmental Value Priming [J]. Food Quality and Preference, 2016 (50): 102-108.

[249] Manimozhi K, Vaishnavi N. Eco-Friendly Fertilizers for Sustainable Agriculture [J]. International Journal of Scientific Research, 2012, 2 (11): 255-257.

[250] Mao X, Wei X, Jin X, et al. Monitoring Urban Wetlands Restoration in Qinghai Plateau: Integrated Performance from Ecological Characters, Ecological Processes to Ecosystem Services [J]. Ecological Indicators, 2019 (101): 623-631.

[251] Meng B, Liu J, Bao K, et al. Water fluxes of Nenjiang River Basin with Ecological Network Analysis: Conflict and Coordination between Agricultural Develop-

ment and Wetland Restoration [J] . Journal of Cleaner Production, 2019 (213): 933-943.

[252] Mingliang Guo, Xiangping Jia, Jikun Huang, et al. Farmer Field School and Farmer Knowledge Acquisition in Rice Production: Experimental Evaluation in China, In Agriculture [J] . Ecosystems & Environment, 2015 (209): 100-107.

[253] Nan Zhang, Ruhao Pan, Yifei Shen, et al. Development of a Novel Bio-organic Fertilizer for Plant Growth Promotion and Suppression of Rhizome Rot in Ginger [J] . Biological Control, 2017 (114): 97-105.

[254] Nguyen T N, Lobo A, Greenland S. Pro-environmental Purchase Behaviour: The Role of Consumers' Biospheric Values [J] . Journal of Retailing and Consumer Services, 2016 (33): 98-108.

[255] Noguera-Méndez P, Molera L, Semitiel-García M. The Role of Social Learning in Fostering Farmers' Pro-environmental Values and Intentions [J] . Journal of Rural Studies, 2016 (46): 81-92.

[256] Norton L R. Is it Time for a Socio-ecological Revolution in Agriculture? [J] . Agriculture, Ecosystems & Environment, 2016 (235): 13-16.

[257] Pan D, Kong F, Zhang N, et al. Knowledge Training and the Change of Fertilizer Use Intensity: Evidence From Wheat Farmers in China [J] . Journal of Environmental Management, 2017 (197): 130-139.

[258] Paudel B, Zhang Y, Yan J, et al. Farmers' Perceptions of Agricultural Land Use Changes in Nepal and Their Major Drivers [J] . Journal of Environmental Management, 2019 (235): 432-441.

[259] Pigford A E, Hickey G M, Klerkx L. Beyond Agricultural Innovation Systems? Exploring an Agricultural Innovation Ecosystems Approach for Niche Design and Development in Sustainability Transitions [J] . Agricultural Systems, 2018 (164): 116-121.

[260] Popović T, Latinović N, Pešić A, et al. Architecting an IoT-enabled Platform for Precision Agriculture and Ecological Monitoring: A Case Study [J] . Computers and Electronics in Agriculture, 2017 (140): 255-265.

［261］ Quintero-Angel M, González-Acevedo A. Tendencies and Challenges for the Assessment of Agricultural Sustainability ［J］. Agriculture, Ecosystems & Environment, 2018（254）: 273-281.

［262］ Rizwan Ali Ansari, Irshad Mahmood. Optimization of Organic and Bio-organic Fertilizers on Soil Properties and Growth of Pigeon Pea ［J］. Scientia Horticulturae, 2017（226）: 1-9.

［263］ Rolando J L, Turin C, Ramírez D A, et al. Key Ecosystem Services and Ecological Intensification of Agriculture in the Tropical High-Andean Puna as Affected by Land-use and Climate Changes ［J］. Agriculture, Ecosystems & Environment, 2017（236）: 221-233.

［264］ Ruifa Hu, Jianmin Cao, Jikun Huang, et al. Farmer Participatory Testing of Standard and Modified Site-specific Nitrogen Management for Irrigated Rice in China ［J］. Agricultural Systems, 2007, 94（2）: 331-340.

［265］ Scherr S J, Mc Neely J A. Biodiversity Conservation and Agricultural Sustainability: Towards a New Paradigm of "Eco-agriculture" Landscapes ［J］. Philosophical Transactions of the Royal Society B-Biological Sciences, 2008, 363（1491）: 477-494.

［266］ Schreinemachers P, Chen H, Nguyen T T L, et al. Too Much to Handle? Pesticide Dependence of Smallholder Vegetable Farmers in Southeast Asia ［J］. Science of the Total Environment, 2017（593）: 470-477.

［267］ Srivastava P, Singh R, Tripathi S, et al. An Urgent Need for Sustainable Thinking in Agriculture-An Indian Scenario ［J］. Ecological Indicators, 2016（67）: 611-622.

［268］ Sruthilaxmi C B, Babu S. Microbial Bio-inoculants in Indian Agriculture: Ecological Perspectives for a More Optimized Use ［J］. Agriculture, Ecosystems & Environment, 2017（242）: 23-25.

［269］ Starbird S. The Effect of Quality Assurance Policies for Processing Tomatoes on the Demand for Pesticides ［J］. Journal of Agricultural and Resource Economics, 1994, 19（1）: 78-88.

［270］Stranieri S, Ricci E C, Banterle A. Convenience Food with Environmentally – sustainable Attributes: A consumer Perspective ［J］. Appetite, 2017 (116): 11-20.

［271］Tian H , Lu C, et al. Food Benefit and Climate Warming Potential of Nitrogen Fertilizer Uses in China ［J］. Environment Research Letters, 2012, 7 (4): 44020.

［272］Turunen J, Markkula J, Rajakallio M, et al. Riparian Forests Mitigate Harmful Ecological Effects of Agricultural Diffuse Pollution in Medium – sized Streams ［J］. Science of The Total Environment, 2019 (649): 495-503.

［273］Varela E, Verheyen K, Valdés A, et al. Promoting Biodiversity Values of Small Forest Patches in Agricultural Landscapes: Ecological Drivers and Social Demand ［J］. Science of The Total Environment, 2018 (619-620): 1319-1329.

［274］Vašíčková J, Hvězdová M, Kosubová P, et al. Ecological Risk Assessment of Pesticide Residues in Arable Soils of the Czech Republic ［J］. Chemosphere, 2019 (216): 479-487.

［275］Wang J, He T, Lin Y. Changes in Ecological, Agricultural, and Urban Land Space in 1984 – 2012 in China: Land Policies and Regional Social – economical Drivers ［J］. Habitat International, 2018 (71): 1-13.

［276］Wang Y, Zhu Y, Zhang S, et al. What Could Promote Farmers to Replace Chemical Fertilizers with Organic Fertilizers? ［J］. Journal of Cleaner Production, 2018 (199): 882-890.

［277］Wier M, O'Doherty Jensen, et al. The Character of Demand in Mature Organic Food Markets: Great Britian and Denmark Compared ［J］. Food Policy, 2008, 33 (5): 406-421.

［278］Worner F. Meier Ploeger, et al. What the Consumer Says? ［J］. Ecology and Farming, 1990 (20): 14-15.

［279］Xu X, Tan Y, Yang G, et al. China's Ambitious Ecological Red Lines ［J］. Land Use Policy, 2018 (79): 447-451.

［280］Xue L, Zhu B, Wu Y, et al. Dynamic Projection of Ecological Risk in the Manas River Basin Based on Terrain Gradients [J] . Science of the Total Environment, 2019 (653): 283-293.

[281] Zhang D, Jia Q, Xu X, et al. Assessing the Coordination of Ecological and Agricultural Goals During Ecological Restoration Efforts: A Case Study of Wuqi County, Northwest China [J] . Land Use Policy, 2019 (82): 550-562.

[282] Zhang L, Li X, Yu J, et al. Toward Cleaner Production: What Drives Farmers to Adopt Eco-friendly Agricultural Production? [J] . Journal of Cleaner Production, 2018 (184): 550-558.

[283] Zuzanna P, Joris A, Wim V. Subjective and Objective Knowledge as Determinants of Organic Vegetable Consumption [J] . Food Quality and Preference, 2010 (21): 581-588.